［新装版］

自由であり続けるために、僕らは夢でメシを喰う

# 自分の店

# SHOP



SANCTUARY BOOKS

JIYUU DE ARI TUDUKERU TAME NI BOKURA WA YUME DE MESHI WO KUU

# YMS

## YUME MESHI SHOP

editing sanctuary books

# make your SHOP

sanctuary publishing inc.

# SPIRITS

>>SPIRITS 001

# ADVENTURE LIFE

## 毎日を冒険のように生きるために…
## 店を持つ。

退屈な人生に別れを告げよう。店を持つというのは大きな賭けだ。
ギャンブルだ。リスクも背負う。明日のことさえわからない。
でも、だからこそ楽しい。
一日一日が、ドキドキとワクワクの連続。
誰に会うのか、何が起こるのか、何を見るのか…
店を持つことで毎日が冒険になる。
同じレールの上を行ったり来たりする、今までの安定した先の見える生活から、
いつも刺激的な魅力あふれる生活にシフトしよう。
この街のストリートだって、ちゃんと冒険はできる。

# SPIRITS

>>SPIRITS 002

## カッコイイ人生のアーティストになるために…店を持つ。

人は皆、「自分」という人生のアーティストだ。
いかに美しく、いかに過激に、いかにカッコよく、
いかにセクシーに、自分の人生をデザインするか。
店さえあれば誰でもアーティストになれる。
楽器が弾けなくても、文章が書けなくても、絵がヘタクソでも、
特別な才能なんて無くても、店を創ることでオリジナルの表現ができる。
アーティストとして、「自分の店」という作品を発表するのは最高に楽しい。
店は自分の分身でもある。
自分はどんな人間か、自分はどう生きたいのか、
それを店がすべて表現してくれる。
「自分の店」という作品を生み出し、自分の生きた足跡をはっきり残したい。

# THE BEST CRE

ATION OF LIFE

# MY SECRET GARDEN

## 仲間と楽しく過ごす基地＝アジトを創るために…店を持つ。

店は自分たちの基地になる。
店は仲間と創る秘密のアジト。
気の合う連中と、新しい何かを生み出すための作戦基地。
毎日楽しく過ごすための、サークルや部室の延長線。
夜な夜なタムロして、ヤバい計画を練るための隠れ家。
使い方は自由。どこにもルールはない。
自分の個性が、ライフスタイルが、人間関係が、
自然に「自分の店」をカタチ創る。
そこは家でも仕事場でもない第三の場所。
全てのしがらみから解放され、ありのままの自分に帰れる場所。
「自分の店」に集まると、僕らはトム・ソーヤーになる。

# TREASURE ISLAND

SPIRITS

>>SPIRITS 004

## 好きなもの、好きな音楽に囲まれて暮らすために…店を持つ。

好きなことしかしたくない。
好きなものに囲まれて生きていきたい。
「自分の店」では一日中、
自分の好きな音楽や映像が流れ、
自分の好きなアイテムが並んでいる。
そこは自分だけの特別な空間。
「自分の店」にいれば、いつでもパワーにあふれ、元気になれる。
そこは自分にとってのパワースポット。
嫌いなものを受け入れる必要はない。
苦手なものと付き合っている暇もない。
好きなものしか見ない。好きなことしかしない。
好きなときに、好きな人と、好きなように、生きていこう。
「好き」にこだわるのは、決して難しいことじゃない。

SPIRITS

>>SPIRITS 005

# TRUE PARADISE

## 好きな場所で自分らしく暮らすために…店を持つ。

海の近くで、サーフィンをして暮らしたい。
山を見ながら、野生の動物に囲まれて生活したい。
島に住んで、のんびりとした時間を過ごしたい。
都会のど真ん中で、刺激的な毎日を送りたい。
店を創れば、好きな場所で生きていける。
店の経営ノウハウさえあれば、好きな場所へ動いていける。
好きな場所がはっきりしたら、どうするか。
そこに「自分の店」を開けばいい。
世界中どこに行っても、店はあるんだから。

THOMPSON-STARRET
COMPANY, INC
BUILDING CONSTRUCTI

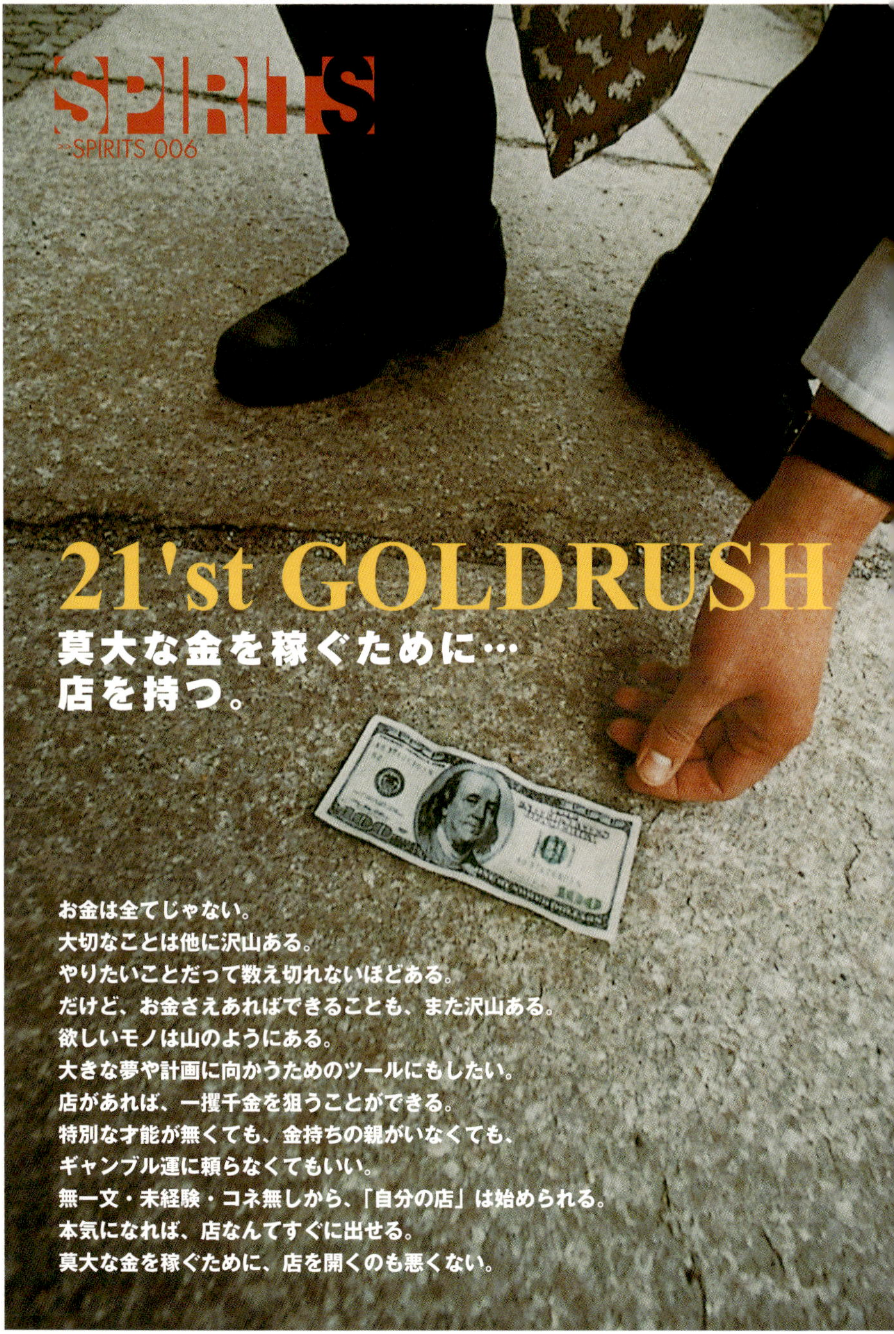

# 21'st GOLDRUSH

## 莫大な金を稼ぐために…
## 店を持つ。

お金は全てじゃない。
大切なことは他に沢山ある。
やりたいことだって数え切れないほどある。
だけど、お金さえあればできることも、また沢山ある。
欲しいモノは山のようにある。
大きな夢や計画に向かうためのツールにもしたい。
店があれば、一攫千金を狙うことができる。
特別な才能が無くても、金持ちの親がいなくても、
ギャンブル運に頼らなくてもいい。
無一文・未経験・コネ無しから、「自分の店」は始められる。
本気になれば、店なんてすぐに出せる。
莫大な金を稼ぐために、店を開くのも悪くない。

# ZERO START

SPIRITS
>>SPIRITS 007

ゼロからスタートするために…
店を持つ。

過去は振り返りたくない。
今を生きたい。
全てを捨てて、ゼロから始めたい。
世間、会社、両親、友だち…、
自分を取り巻くあらゆる環境から、独立するための店。
今までの自分から脱皮して、全く新しい自分を創るための店。
これまで守ってきたもの、
ずっと縛られてきたものをリセットし、
思い切ってゼロから始めよう。
生き方をシフトすれば、人生はこんなに気軽で楽しく、
メチャクチャ面白い。

# SPIRITS

>>SPIRITS 008

# KNOCKIN'ON HEAVEN'S DOOR

## 壮大な夢へのきっかけを掴むために…
## 店を持つ。

「自分の店」という結果を出すことから、何かが始まりそうだ。
自分と将来をつなぐ夢の架け橋…それが、自分の店。
店をもっと大きな夢へのきっかけにしよう。
店を持てば、自信が生まれる。怖いものなんて無くなる。
成功か失敗か、なんて究極の問題じゃなくなる。
店が全てじゃないかもしれない。
店がゴールじゃないかもしれない。
それでも店は、壮大な夢に向かうための突破口になる。
店での経験や出会いが、さらに新しい夢を創ってくれることもある。
まず店を創ることが、伝説の第一歩。

# 他人に使われず、自分勝手に生きるために…店を持つ。

就職しないで生きていきたい…「自分の店」を持てばそれが可能になる。
誰にもコキ使われず、会社にも縛られず、
競争社会からも自由に、自分勝手に生きていける。
「会社に就職する」ということは、
人生にある無数の可能性の、ほんの一つの選択肢でしかない。
もちろん会社に入っても楽しくやっていける。
安定を得られるし、それなりに夢だって持てる。
ただ、つまらないルールや常識が多すぎる。
「自分の店」では自分自身がルールブックだ。
成功も失敗も、全てが自分次第。
成功したらヒーロー。失敗しても、経験という素晴らしい財産が残る。
恐れることは何も無い。自分のカラーで勝負すればいい。

SPIRITS
>>SPIRITS 010
BACK TO YOURSELF

# 自由であり続けるために、<br>自分であり続けるために…<br>店を持つ。

たった数十万円の生活費のために、
「自分」と「自由」を売るのはバカげている。
なりたい職業をムリに探すのはやめる。
つまらないと感じる仕事をイヤイヤ続けていてもしょうがない。
仕事は探したり選んだりするものじゃなく、
自分で創って、育てていくものだ。
「自分の店」を始めれば、
自分のやりたいことがそのまま自分の仕事になる。
「○○屋さん」という概念にもとらわれず、
自分の好きなものを好きなだけ売ればいい。
そこらへんの店とはまるで違うスタイルの、
自分だけのオリジナルな店を創ろう。

TO BE YOURSELF
ALL THE TIME.
TO KEEP YOURSELF FREE
ALL THE TIME.

YES!

WE ARE FREE!!

# DREAM

## ★PROLOGUE

自由であり続けるために、僕らは夢でメシを喰う

**YUME-MESHI**

DREAM

# 夢でメシ

僕らは「夢」でメシが喰えることを知らなかった。
自分達は特別な才能を持っていないのだから、生活していくためには嫌な仕事でも我慢して続けていくしかないんだ、と勘違いしていた。

そんなある日、僕らは「自分の店」という生き方のスタイルを知った。

「他人に使われたくない」
「好きなもの、好きな音楽に囲まれて暮らしたい」
「好きな場所で暮らしたい」
「好きな仲間と楽しく暮らしていきたい」
「基地、隠れ家、アジトがほしい」
「マイペースでのんびりやりたい」
「大金を稼ぎたい」
「新しい“何か”が生まれる空間を自分達の手で創りたい」
…そんないくつもの贅沢な想いが、「自分の店」によって、すべて実現できることを知った。僕らにも「夢」でメシを喰っていける方法があることを知った。

## 「自由」であり続けるために、
## 「自分」であり続けるために。

# は喰える

「自分の店が持ちたい！」

無一文＆未経験＆コネなし。不安を抱え本当のゼロから始めた僕らは、たくさんの失敗を繰り返しながらも、最終的に、なんとか「自分の店」を手に入れることができた。

それから数年。数多くの出会い、友情、恋心、夢、そして自信を育みながら、僕らの店は増え続けている。

「自分の店」というスタイルとの出会いをきっかけに、自分らしく自由に生きていける楽しさを知った僕らは、その想いをこの本に込めた。

「自分の店」でＨＡＰＰＹになるためのスピリッツ。
「自分の店」をイメージするためのカタログ。
「自分の店」を手に入れるためのリアルアクションガイド。
無一文＆未経験＆コネなしからスタートして、「自分の店」という夢を実現するために必要なエッセンスはすべて書いてある。
この本と情熱さえあれば、「自分の店」は必ず持てる。

## 「自分の店」を始めた僕らから、「自分の店」を始めたいあなたに、この本を贈る。

YUME MESHI SHOP

jiyuu de ari tudukeru tameni bokura wa yume de meshi wo kuu

# Contents

Yume Meshi SHOP CONTENTS

SPIRITS
happy spirits
page 002

IMAGE
image catalog
page 022

ACTION!
real action guide
page 050


## SPIRITS


「自分の店」でHAPPYになるための10のスピリッツ…2

1: ADVENTURE LIFE 毎日が冒険
2: THE BEST CREATION OF LIFE 人生のアーティスト
3: MY SECRET GARDEN 基地、アジト
4: TREASURE ISLAND 好きなもの、好きな音楽
5: TRUE PARADISE 好きな場所
6: 21`st GOLDRUSH ビッグマネー
7: ZERO START! ゼロからのスタート
8: KNOCKIN`ON HEAVEN`S DOOR 人生のきっかけ、突破口
9: NO! MARIONETTE 自分自身のルール
10: BACK TO YOURSELF 自由。そして、自分

# IMAGE

## 「自分の店」をイメージするための8つのカタログ…22


IMAGEの遊び方
1: SHOP NAME　店名
2: MATERIAL　商品
3: DESIGN　内装／外装デザイン
4: CAPACITY　広さ
5: OPEN&CLOSE　営業時間＆定休
6: BGM&VISUAL　音楽／映像
7: PLACE　出店場所
8: AD GOODS　宣伝グッズ
SHOP IMAGE NOTE


# ACTION!

## 「自分の店」を手に入れるための5つのリアルアクションガイド…50


ACTION!の遊び方
1: FIND SPACE　スペースをみつける
2: RESEARCH　必要な金額を調べる
3: GET MONEY　お金を手に入れる
4: MAKE SHOP　店を創り上げる
5: AFTER OPEN　オープンした後に

# ima

WHAT TYPE OF SHOP DO YOU WANT ?

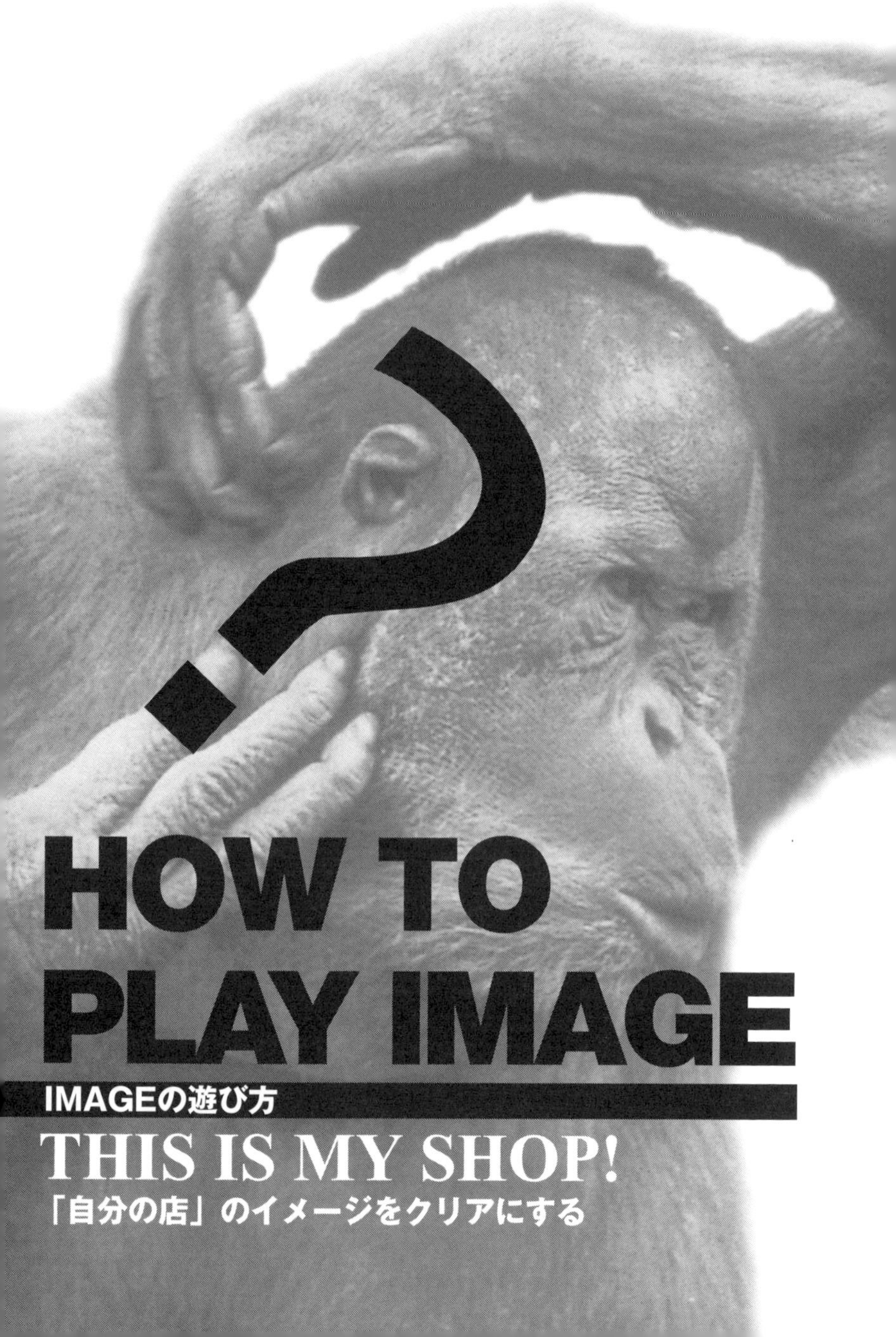

# HOW TO PLAY IMAGE

## IMAGEの遊び方

# THIS IS MY SHOP!

## 「自分の店」のイメージをクリアにする

この＜IMAGE＞という章は、「こんな店がやりたい」というイメージを鮮明にしていくための、8つのビジュアルカタログによって構成されている。店の名前から始まり、売るモノ、内装や外装のデザイン、店の広さ、BGMや映像、営業時間、出店場所、宣伝グッズにいたるまで、「自分の店」のイメージの扉を開くKEYが満載だ。これらを参考にしながら、1つ1つじっくりイメージしていこう。

## 1: SHOP NAME

■大事な大事な「店の名前」について考えてみる。3つのネーミング方法といくつかの例を紹介。

## 2: MATERIAL

■「何を売るか？＝店の品揃え」について考えてみる。独自のショップコンセプト＆品揃えを誇る１０タイプの店を紹介。

## 3: DESIGN

■「内装／外装のデザイン」について考えてみる。イメージを膨らませるための手がかりと、資料となる雑誌、ビデオを紹介。

## 4: CAPACITY

■「理想とする店の広さ」について考えてみる。簡単な見取図を書きながら、イメージを鮮明にしていく。

## 5: OPEN&CLOSE

■「効果的な営業時間＆定休日」について考えてみる。自分の生活パターンや自分のやりたい店のタイプなどから連想していく。

## 6: BGM&VISUAL

■店内に流す「音楽と映像」について考えてみる。2:MATERIALで取り上げた１０タイプの店にフィットする音楽＆映像のイメージ例を紹介。

## 7: PLACE

■「出店する場所」について考えてみる。来てほしい客層と、その客層にリンクする出店希望エリアをいくつか紹介。

## 8: AD GOODS

■「自分の店」の存在を世に発表する「宣伝グッズ」について考えてみる。カード、マッチの他に「仮チラシ」の創り方も紹介。

## SHOP IMAGE NOTE

■想像をビジュアルに落とす「ショップイメージノート」の例を紹介。

# SHOP NAME

## IMAGE 01 店名

### shop name　[店名]

**店の名前というのは、世の中にたった一つしかない。自分オリジナルの世界を表す大切な言葉だ。**

店を始めてからは何千何万回も口にすることになる言葉だし、店のイメージを一言で伝えるための言葉でもある。名前が決まることで「自分の店」はグッと現実感を帯びてくるし、イメージも一気に広がってくると思う。
大前提として、店の名前にイイ、ワルイはない。自分自身が「最高だぜ」と思えれば、それでＯＫ。
「これだ！」というひらめきがあるまで、じっくり言葉を探してみよう。
きっかけとなるヒントを、いくつかあげてみたので参考にして欲しい。

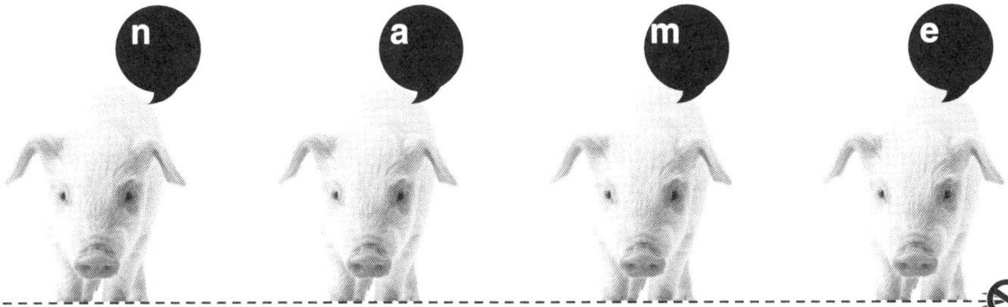


## SHOP NAME HINTS

### HINT 01

自分の好きな単語をどんどん書いてみる。その言葉を英語、フランス語、ひらがなにしてみたり、逆から読んでみたり、一文字変えてみたり、いろいろいじくりまわしてみる。
「自分の好きな言葉」を使うのはネーミングの王道だ。そのままじゃちょっとありきたりだな、という言葉でも、ひとひねりするだけで「素敵なオリジナル」が誕生する。

### HINT 02

好きな映画、曲、本のタイトル、人の名前などをそのまま使う。このネーミング方法は、お店のイメージがダイレクトに伝わりやすく、響きのいい言葉も多いのでオススメ。ただしありがちな名前をつけると、かえってダサくなることもあるので注意しよう。

### HINT 03

喫茶店なら「CAFE」、バーなら「BAR」、クラブなら「CLUB」、ラーメン屋なら「ラーメン」という風に店のタイプを直接表す言葉と、他の言葉を組み合わせて店名にする。例えば、「パラダイスカフェ」「トミーズBAR」「CLUB HEAVEN」「地獄ラーメン」など。これもよくある方法。2の方法よりいっそう店のイメージを伝えやすい。

## 由来と冠

「その名前に込めた想い＝由来」も一緒に考えてみよう。もし「特に意味なんかない。ひらめきで決めた」という場合でも、一言くらい用意しておくといいと思う。だって、「なんでその名前にしたの？」って聞かれたときに、オーナーとして少しくらい語れたほうがカッコいいでしょ。由来があることでぐっと深みも出てくるしね。
それから冠。ラーメン屋「龍神」、オールドアメリカンバー「ロックウェルズ」、喫茶「ブルーオーシャン」みたいに、店名の前に「店のタイプを表す言葉＝冠」を付けるのもオススメ。絶対に必要というわけじゃないけど、やっぱり看板やチラシをひと目見て「どんな店か」がわかったほうがお客さんも入りやすいから。

## SHOP NAME SAMPLE

BARBER
bossa-bossa
ぼさぼさ
SAMPLE 1

魂のラーメン屋
麺まじ
SAMPLE 2

ÇROSSROAD
STREET SHOP
SAMPLE 3

DEAR GIRL CAFE
SAMPLE 4

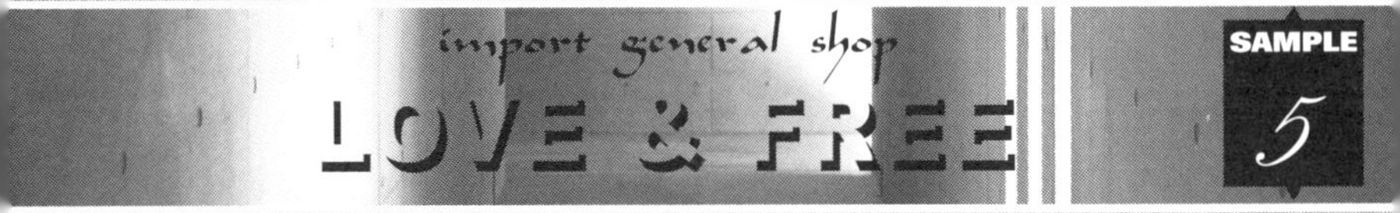
import general shop
LOVE & FREE
SAMPLE 5

Dolphin kids
SURFING SHOP
SAMPLE 6

和食ダイニングバー
答
KOTAE
SAMPLE 7

RECYCLE SHOP
GARACTA BOOGIE
ガラクタブギ
SAMPLE 8

AMERICAN BAR
SANCTUARY
SAMPLE 9

# MATERIAL

## IMAGE 02 商品

## material　[商品]

### 「自分の店の品揃え＝商品構成」をイメージしてみよう。

「まず、何屋をやるか？」という発想ではなく、「まず、何を売るか？」を思い浮かべればいい。
別に「花とマウンテンバイクを売る店」があってもいいし、「ビールの飲める古着屋」があってもいい。
既成の店のタイプにとらわれず、自分のオリジナリティを最大限に発揮し、独自のショップコンセプトを決めて、それにあった商品構成を考えてみよう。
まだ今の段階では「こんなモノを揃えたいな」という気軽なノリでＯＫ。
思いつくままにどんどんアイデアを出してみよう。

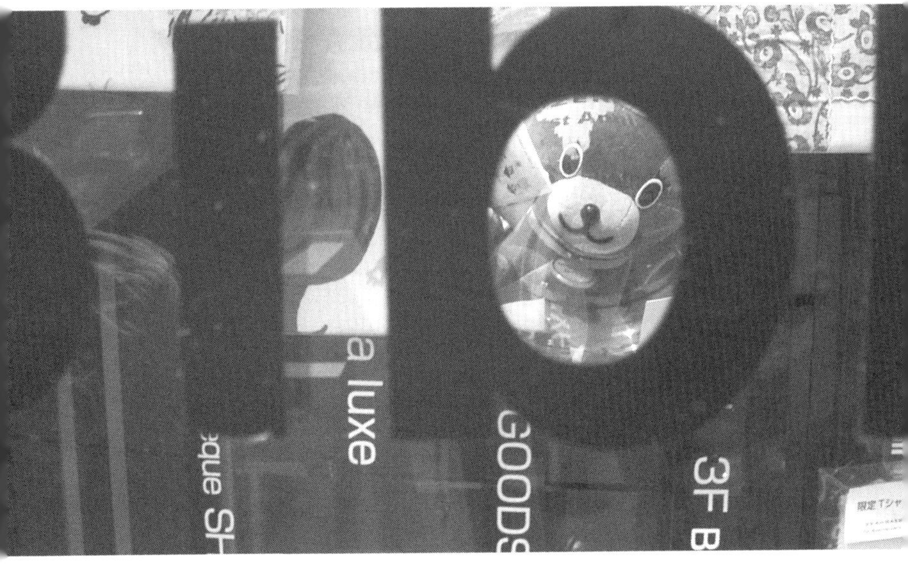


## ✪【SHOP TYPE HINTS】

「店では何を売ってもいい。自分の好きなものを売ればいい。何屋なのか？なんて、わからなくていい」という自由な発想で、次のページに10タイプのショップコンセプトと品揃えの例を挙げてみた。参考にして欲しい。

# SHOP TYPE HINTS

SHOP TYPE

IMAGE 02 MATERIAL

## SHOP TYPE SAMPLE #001

RIDE 波に乗り、風に乗る

- [x] サーフボード
- [x] ステーキ
- [x] バイク
- [ ] 
- [ ] 
- [ ] 

ショップコンセプトは「ＲＩＤＥ～波に乗り、風に乗る」。レアなバイクやサーフボードが買える店。さらにステーキを食べながら、バイクとサーフィンを心ゆくまで語れる。

SHOP TYPE

IMAGE 02 MATERIAL

## SHOP TYPE SAMPLE #002

大草原の小さな小屋

- [x] ポストカード
- [x] 花
- [x] マウンテンバイク
- [ ] 
- [ ] 
- [ ] 

ショップコンセプトは「大草原の小さな小屋」。ログハウス風の内装にマウンテンバイクがズラーッと並び、季節にあった鉢植えの植物とポストカードが買える店。

SHOP TYPE

IMAGE 02 MATERIAL

## SHOP TYPE SAMPLE #003

スポーツバー

- [x] ビール
- [x] スポーツグッズ
- [x] ハンバーガー
- [ ] 
- [ ] 
- [ ] 

ショップコンセプトは「スポーツバー」。メジャーリーグ、ＮＢＡなどの名場面映像を見ながら、ハンバーガーやビールを片手に盛り上がれる店。スポーツグッズも充実している。

SHOP TYPE

IMAGE 02 MATERIAL

## SHOP TYPE SAMPLE #004

海の見えるカフェ

- [x] コーヒー
- [x] 本
- [x] 海にまつわるアクセサリー
- [ ] 
- [ ] 
- [ ] 

ショップコンセプトは「海の見える喫茶店」。おいしいコーヒーだけでなく、貝やガラスで創ったアクセサリーや、海を眺めながら読んで欲しい本なども売っている店。

SHOP TYPE

IMAGE 02 MATERIAL

## SHOP TYPE SAMPLE #005

死ぬまで不良

- [x] ジーンズ
- [x] ハーレー
- [x] 革ジャン
- [ ] 
- [x] サングラス
- [ ] 

ショップコンセプトは「死ぬまで不良」。とにかく不良に関係するアイテムなら何でも揃う店。店内にはロックがガンガンに流れている。

SHOP TYPE

IMAGE 02 MATERIAL

## SHOP TYPE SAMPLE #006

**南国の島々**

- ☑ 熱帯魚
- ☑ 南国の写真集
- ☑ 南国の植物
- ☑ 南国の料理
- ☑ 南国の雑貨
- ☐

ショップコンセプトは「南国の島々」。さまざまな南国アイテムが買えて、本場の南国料理が味わえる店。店内には水槽がいくつも置いてあり、熱帯魚を買うこともできる。

SHOP TYPE

IMAGE 02 MATERIAL

## SHOP TYPE SAMPLE #007

**ストリート&クラブ**

- ☑ スニーカー
- ☑ クラブ系ウェアー全般
- ☑ スケボー
- ☐
- ☑ DJ機材
- ☐

ショップコンセプトは「ストリート&クラブ」。ストリートやクラブでカッコよくあり続けるためのグッズが集まっている店。

SHOP TYPE

IMAGE 02 MATERIAL

## SHOP TYPE SAMPLE #008

**放浪**

- ☑ 放浪にまつわる本
- ☑ 酒
- ☑ 放浪を唄ったＣＤ
- ☑ 寝袋
- ☑ 世界地図
- ☑ 毛布

ショップコンセプトは「放浪」。根なし草な人生を愛する旅人の集まる店。不定期にポエトリーリーディングなども行われる。

SHOP TYPE

IMAGE 02 MATERIAL

## SHOP TYPE SAMPLE #009

**ジャズ**

- ☑ 楽器
- ☑ コーヒー
- ☑ ジャズのレコード
- ☑ バーボン
- ☑ ジャズの楽譜
- ☐

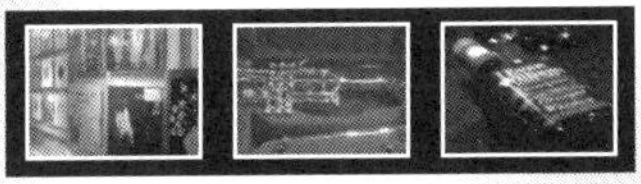

ショップコンセプトは「ジャズ」。本場ニューオリンズで買い付けた楽器やレコードを買える店。さらに、30種類のこだわりのバーボンとピアノの生演奏を楽しめる。

SHOP TYPE

IMAGE 02 MATERIAL

## SHOP TYPE SAMPLE #010

**動物好き**

- ☑ ペット
- ☑ ペットの本&写真集
- ☑ ペットと遊ぶ玩具
- ☑ ペットのポストカード
- ☑ ペットのエサ
- ☑ ペットのカレンダー

ショップコンセプトは「動物好き」。世界中の動物にまつわるあらゆるグッズが揃う店。本物のペットを買うこともできる。

# DESIGN

## IMAGE 03 内装／外装デザイン

### interior ［内装］

**「内装」といっても漠然としていて、いまいちピンと来ない人もいるだろう。ここでいう「内装」とは、簡単にいうと「店内をどんな風に飾るのか」ということだ。**

例えば、トータルなイメージで例をあげると、オールドアメリカン、カントリー、ニューヨークのアトリエ風、メキシコ、純和風、中華っぽい感じ、牧歌的な感じ、コンクリート打ちっ放し、ビーチサイド、アリゾナ、インド、パステル調、ログハウスみたいなもの。「鉄格子の牢屋みたいなイメージ」なんていう言い方もある。
トータルなイメージが固まってきたら、そこから一つ一つ具体的に、細かい事をイメージしていく。
例えば、壁や床や天井の素材、色、飾り。それからテーブルやイス、商品棚はどんなものを使うのか。どんなオブジェや小物が置いてあり、トイレはどんな風に飾るのか。決めることはいろいろだ。

DE

SI

GN

## exterior ［外装］

**「外装」というのは「店の外側をどう飾るのか」ということ。看板、置物、ネオン、外に出したメニューなどを使って、街を歩く人々の興味を誘うための手段だ。**

これらは、チラシを見てきてくれる人々や、ロコミであなたの店を探してくる人々にとっての目印になる。また、街の人に「ここにイイ店があるぞ！」とアピールしてくれる。実際、店のオーナーは一人でも多くのお客さんを店に招き入れようと、外装に様々な工夫を凝らしているんだ。
例えば「かに道楽」。あのお店の外壁には巨大なカニが張り付き、一日中モニモニと動いている。それを見て、道行く人たちは「うわあ、でっけー」とか「キモチわるーい」なんて思ったりする。さらに「あんなカニ、一度でいいから食ってみたいよなあ」「あんなカニ、居るわけないじゃーん」みたいな話題で盛り上がる。
あのカニがすごいのは、それだけじゃ終わらないところ。例えば、待ち合わせをするとき、または土地勘のない知り合いに道案内をするときに「かに道楽の前に喫茶店があるから、そこで7時ね」「このカニが見えたら左に曲がるんだよ」という具合に教えることができる。
こうして、あの巨大なカニが生活へ自然に溶け込んでくる。こうなりゃ店の外装としては大成功だ。「あそこにカニを食べられるお店がある」と、誰もが知っているわけ。
別に大きければいいわけではないが、「インパクト」や「わかりやすさ」は重要なポイントになる。もし、あなたがお好み焼き屋を開きたければ、看板を「鉄板の上でお好み焼きを返すコテのカタチ」にしてみたら面白い。それだけで街のみんなに与えるインパクトが違ってくるはずだ。
外装の全体的なイメージは、必然的に内装のイメージに沿って決まってくるだろう。１つ１つ細かくイメージしてほしいのは、看板、入口のドア、入口まわりのオブジェ、ネオン、外用のスピーカーなど。全体がカッコ良く決まれば、ディテールを考えるのは苦にならないはずだ。

## 【DESIGN HINTS】

★★★

内装や外装のデザインイメージを膨らませてくれるものは数多い。
次ページのカタログを参考にしながら、自分なりの方法で、まだ漠然としている「自分の理想の世界」を１つ１つ具体的にイメージしていこう。

# SHOP DESIGN HINTS

## GUIDE BOOK&MAGAZINE

★グッズ紹介系の雑誌や女性誌のインテリア特集、雑貨小物特集から始まって、デザイン関連の本、海外の写真集、通信販売や個人輸入のカタログまで、あらゆる雑誌や本から「これいいな、自分の店に飾りたいな、自分の店で使いたいな」という写真を切り抜いてストックしておく。デザイン的に参考になる他の店の写真をピックアップしておくのもいい。

>>Book:01

**カーサ ブルータス**
**Casa BRUTUS**

発行 マガジンハウス

洗練された建築やインテリアに焦点を向けた雑誌。外装・内装のヒントになる。

>>Book:02

**スタジオボイス**
**STUDIO VOICE**

発行 インファス

ハイクオリティな前衛アートを紹介する雑誌。小物や絵を選ぶときの参考になる。

>>Book:03

**エスクァイア日本版**
**Esquire**

発行 エスクァイア マガジン ジャパン

デザインセンス抜群の男性誌。店の雰囲気作りの奥深さを教えてくれる。

>>Book:04

**流行通信**

発行 インファス

日本の最先端スタイルを紹介する雑誌。料理や商品の見せ方を工夫するときに役立つ。

## GUIDE MOVIE:VIDEO-DVD

★「自分の店」のデザインをイメージするとき、雑誌や本だけでなく、映画も数々のインスピレーションを与えてくれるはずだ。ストーリーや会話、俳優の表情よりも、映画の中に出てくる風景や小物などに注目しながら、いつもとは違った視点で映画を楽しんでみてはどうだろう。

>>DVD:01

**セント・エルモス・ファイアー**
**ST.ELMO'S FIRE**

発売元：ソニー・ピクチャーズ

たまり場「セント・エルモス」。店はストーリーを創り、ドラマを生む。

>>DVD:02

**ビッグ・ウェンズデー**
**BIG WEDNESDAY**

発売元：ワーナー

サーフィンの青春。夢を持って、海の近くで暮らしていこう。

>>DVD:03

**カクテル**
**COCKTAIL**

発売元：ブエナ ビスタ

夏はニューヨーク。冬はジャマイカ。バーを出すなら、これを見るしかない。

>>DVD:04

**バグジー**
**BUGSY**

発売元：ソニー・ピクチャーズ

砂漠のど真ん中にカジノを創る。一人の壮大な夢がラスベガスになった。

## GUIDE WINDOW SHOPPING

★「自分の店」のデザインをイメージしながら、街を歩いてみるのも楽しい。百貨店、雑貨屋、アクセサリー屋などの店をとにかく自分の足で歩き回って、「これ、俺の店に置いたらカッコいいじゃん」「この食器サイコー！ 絶対使いたい」という風に、自分の店に飾りたいもの、自分の店で使いたいものをチェックしまくる。イイモノを見つけたら「モノの名前と値段」それから「店の場所と名前と電話番号」をしっかりその場でメモっておくと後で役に立つ。商品パンフレットなんかも集めておくと便利。

# CAPACITY

## IMAGE 04 広さ

### capacity ［店の広さ］

**あなたが思い描いている店は、一体どのくらいの広さなんだろう。**

ひとり暮しの部屋で始めるワンルームショップから、ベイエリアの倉庫を改造して創ったような巨大な店まで、店のサイズは本当にさまざまだ。
小さいからこそ味がある店もあるし、やっぱり大きさがものをいう店もある。
街を歩き回り、「この店と同じくらいのサイズがいい」というサンプル店を見つけるといい。
サンプル店が見つかったら、さらに「自分の店」のサイズイメージをクリアにしていくために、「店内の見取図＝店内を上から見た図」を書いてみよう。ここが入り口で、ここにレジがあって、ここにカウンターがあって、ここに棚を置いて、ここにテーブルがあって、ここがトイレで、と自分の希望を簡単な図にしてみよう。

# OPEN&CLOSE

## IMAGE 05 営業時間

### open&close ［営業時間＆定休日］

**営業時間。これによって店を始めてからのあなたの生活はガラっと変わる。**

たいていの場合は営業時間が違っても家賃は同じなので、交代制にして24時間フルにオープンしてもいいし、資金的に余裕があるなら数時間だけ、週末だけオープンしたってかまわない。
でも、立地や店のタイプによっては絶対に店を開けていても無駄、へたすりゃ電気代さえ無駄になってしまうような時間帯もあったりするし、長すぎる営業時間は能率も悪く、精神も肉体も疲労させてしまう場合が多い。「楽しいから」という理由で長時間営業しているなら問題ないが、単に売上を上げたいためだったら、気分転換にチラシを配りにいったり、品揃えを研究したほうが能率的だったりする場合もある。
何にしても、自分の店の営業時間を決めるときはリサーチが大事。自分自身が店を出したい地域でよく遊んでみたり、そこをテリトリーにしている人や近所に住んでいる人の意見を聞いてみたり、周辺にある店を訪れてみたり、店を始めた後の自分の生活をイメージしてみたりするといい。それらの情報から、有効で長すぎない営業時間を導き出そう。

# BGM&VISUAL

## IMAGE 06 音楽／映像

## bgm&visual　[音楽／映像]

**店をやるうえで「店内の音楽や映像」というものを重視するか、しないかは本当に人それぞれだ。**

現状を見てみると、有線放送を使ってＢＧＭを流しているだけの店が多いようだが、ＣＤやＭＤやカセットテープによって選曲したり、専門のＤＪやライブバンドを入れたりする、こだわりの店も少なくない。また、店内に壁一面のスクリーンや、数多くのモニターを設置して、レアな映像やこだわりのＤＶＤやＶＩＤＥＯを見せてくれる店だってたくさんある。
やっぱり、有線放送を使えば手間もかからないし、値段もそこそこで、選曲も無難。でも「あのお店って、かかってる曲が最高だよね」と、音楽が売りの一つになることはないだろう。
一方、ＣＤやＭＤを使えば、音楽のこだわりを売りにできるが、ワンパターンな曲をかけるわけにもいかないので、それだけ編集や交換の手間もかかる。機材やＣＤの購入費だってバカにならない。ＤＪやライブバンドを入れるならなおさらだ。映像についても同じことが言える。
自分の描いている「理想の店の条件」の中に「音楽／映像へのこだわり」がある人は徹底的にこだわればいいし、特にない人は有線放送やテレビ、ラジオなどを流すことをオススメする。

# SHOP BGM&VISUAL HINTS

SHOP TYPE

## SAMPLE #001
**RIDE～波に乗り、風に乗る**

- ✔ ステッペンウルフ
- ✔ ビーチボーイズ
- ✔ ザ・ベンチャーズ
- ✔ CCR
- ✔ オフスプリング

SHOP TYPE

## SAMPLE #002
**大草原の小さな小屋**

- ✔ ピーターポール&マリー
- ✔ ジョンデンバー
- ✔ ダンフォーゲルバーグ
- ✔ カーペンターズ
- ✔ サイモン&ガーファンクル

SHOP TYPE

## SAMPLE #003
**スポーツバー**

- ✔ ヒューイルイス&ザ・ニュース
- ✔ クイーン
- ✔ ジェームスブラウン
- ✔ サバイバー
- ✔ ブルーススプリングスティーン

SHOP TYPE

## SAMPLE #004
**海の見えるカフェ**

- ✔ ビリージョエル
- ✔ イーグルス
- ✔ シカゴ
- ✔ バックストリートボーイズ
- ✔ エリッククラプトン

SHOP TYPE

## SAMPLE #005
**死ぬまで不良**

- ✔ ガンズ&ローゼス
- ✔ ザ・ローリングストーンズ
- ✔ ヴァンヘイレン
- ✔ レッドツェッペリン
- ✔ セックスピストルズ

SHOP TYPE

## SAMPLE #006
**南国の島々**

- ✔ ボブマーリー
- ✔ バハメン
- ✔ ジミークリフ
- ✔ ジャネットケイ
- ✔ インナーサークル

SHOP TYPE

## SAMPLE #007
**ストリート&クラブ**

- ✔ フージーズ
- ✔ メアリーJブライジ
- ✔ エミネム
- ✔ メイシーグレイ
- ✔ コーネリアス

SHOP TYPE

## SAMPLE #008
**放浪**

- ✔ ボブディラン
- ✔ トムウェイツ
- ✔ ライクーダー
- ✔ ウッディガスリー
- ✔ グレイトフルデッド

SHOP TYPE

## SAMPLE #009
**ジャズ**

- ✔ ビルエヴァンス
- ✔ マイルスデイビス
- ✔ ルイアームストロング
- ✔ ジョンコルトレーン
- ✔ ボビーマクファーレン

SHOP TYPE

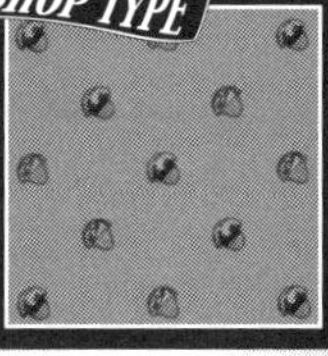

## SAMPLE #010
**動物好き**

- ✔ ペットショップボーイズ
- ✔ スヌープドギードッグ
- ✔ ストレイキャッツ
- ✔ モンキーズ
- ✔ スピッツ

# PLACE

## IMAGE 07 出店場所

### place ［場所］

**どこで「自分の店」を始めるか。これこそ、最大のポイントと言っていいかもしれない。**

あたりまえのことだが、「店」というものは、都市だけじゃなく、田舎にもあるし、リゾート地にもあるし、山の中にだってある。さらに日本だけじゃなく、世界中にもありとあらゆる店がある。海外でやりたければ、言葉を習得してから始めればいい。広い視点から、ベストの場所をしぼり込んでいこう。

## 客層

### PLACE IMAGE 01

「自分の店」の場所をイメージしていくために、まずは、客層からイメージしてみよう。客層とは「どんなお客さんに来てほしいか」ということだ。もちろん、一番大切なことは「とにかく自分がサイコーだと思える店を創ること」であって、その世界を気に入ってくれる人ならどんなお客さんでも、1人でも多く来てくれるに越したことはないのだが、お店を始めるときに「こんなタイプのお客さんがよく来る店にしたい」というイメージがあってもいい。

## 出店希望エリア

### PLACE IMAGE 02

客層をイメージすることで、出店希望エリアが少しずつクリアになってくる。
希望のエリアがはっきりしていればいるほど、今後の物件探しがやりやすくなる。「とにかく人の多い駅前で」なんていって探すよりも、「バンドやってる若い奴が多いところで」とか「デザイン関係の仕事をしている人が多いところで」なんていって探したほうが何倍も探しやすくなるし、安くていい物件を発見できる可能性も高くなる。

## SHOP PLACE HINTS

まわりに大企業のビルがたくさんあって、
若いOLやサラリーマンが
ウヨウヨいるオフィス街

---

サーファーに来て欲しい。
海から徒歩５分以内。
なるべく窓から海の見えるところで

---

吉祥寺駅から徒歩10分以内で、緑の多い静か
なところ。お洒落系の女性がメイン

---

大学がすぐそばにあって、
学校帰りの大学生が
気軽に寄れるところ

---

国道16号に面していて、車がよく通り、
一時的に路上駐車できるスペースがあるところ

---

ライブハウスや楽器屋が多くて、
バンドマンの多いエリア。
下北沢か神田がベスト

## 港の倉庫エリア。

車やバイクにこだわる奴らに
来て欲しいから

---

団地やマンションの密集している住宅街。
## とにかくファミリーが多いところ

---

## 摩周湖のほとりで。

この湖を愛する人達の溢れる店

---

北海道の富良野。一面にラベンダーの咲き乱れる草原で。
観光客をメインに

---

## 外国人の多いエリア。

やっぱり六本木。
もしくは、米軍基地の近くで

---

世界中から自由人の集まるジャマイカのビーチ。本物のレゲエの空気が吸える場所で

# AD GOODS

## IMAGE 08 宣伝グッズ

## ad goods ［宣伝グッズ］

**「自分の店」の宣伝グッズをイメージしてみよう。**

### カード

**AD GOODS 01 : CARD**

店にも名刺があったほうがいい。ただし店の場合、一個人の名刺よりはデザインの重要性が高い。店のロゴなり、シンボルマークなり、１発で人の印象に残るような、シンプルでイカしたビジュアルが必要だ。

### チラシ

**AD GOODS 02 : LEAFLET**

チラシはもうひとつの店の「顔」と言ってもいい。チラシの持っているイメージが店のイメージに直結するので、言葉＆デザインには気を配りたい。１枚のチラシのどこかに「あっ、この店行ってみたい」と思わせる何かがあってこそ、チラシの意味がある。特に知名度の低いオープン当初は絶対に不可欠なアイテム。いろいろなチラシを参考にしながら、今からイメージを膨らませておこう。

# マッチ

## AD GOODS 03 : MATCH

主に飲食店で使われるマッチ。
マッチの他にも店名入りライター、店名入りペンなど、カードやチラシと違って実用性の高い宣伝グッズがある。飲食店に限らず、どんな店をやるにしてもできれば用意したい。「自分の店」オリジナルグッズを創り、どんどん宣伝に活用しよう。

## LET'S MAKE SAMPLE LEAFLET

# 仮チラシを創ってみよう

今まで少しずつ具体的にしてきた「自分の店」のイメージ。これらを１つのカタチにするために、とりあえず仮チラシを創ってみよう。「仮」のチラシなので、手書きのスケッチだって全然ＯＫ。別にデザインコンテストでも美術の授業でもないんだから、気軽に創ってみよう。でき上がったらいろんな人に見せて、「店やろうと思ってんだけど、こんな店どうかな？」なんて聞いてみても楽しい。「こんなものも一緒に売るといいんじゃない」「この店ならシモキタでやったらよさそうだね」「渋谷に参考になりそうな店があったからチェックしてくれれば」などなど、役に立つ情報を教えてくれるかもしれない。

## LEAFLET POINT!!

### 仮チラシに書くこと

- ☑ 1 店名＆冠
- ☑ 2 営業時間＆定休日
- ☑ 3 店の紹介文／キャッチコピー
- ☑ 4 主な商品と価格
- ☑ 5 その他好きなこと何でも

# SHOP IMAGE NOTE

## IMAGE NOTE イメージノート

## shop image note ［イメージノート］

### 「自分の店」のイメージをまとめよう！

店の名前に始まり、商品構成、内装や外装のデザイン、店の広さ、ＢＧＭや映像、営業時間、出店場所、宣伝グッズ、その他のあらゆるアイデアたち…本や雑誌を読んだり、映画を観たり、街を歩いたりしながら描いてきた「自分の店」のイメージを、忘れずにノートに書き込んでおこう。
雑誌やガイドブックの切り抜きを貼ったり、いろんな店をまわって気付いたことをまとめたりしておくと、さらにいいかもしれない。落書き程度だって全然かまわない。まずは１冊のノートから始めよう。

# SHOP IMEGE NOTE SAMPLE

**interior**
**P01**

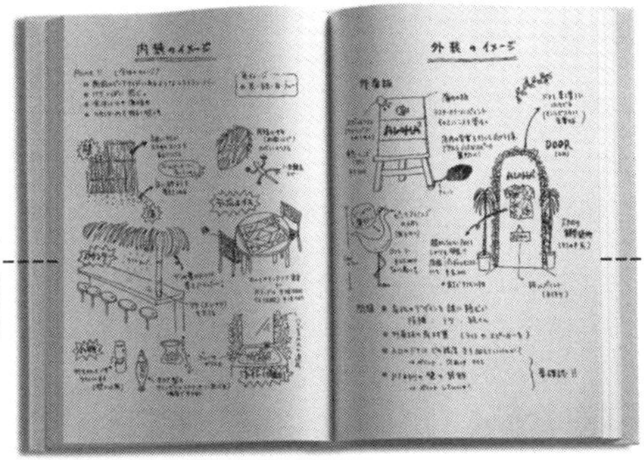


**exterior**
**P02**

**equipment**
**P03**

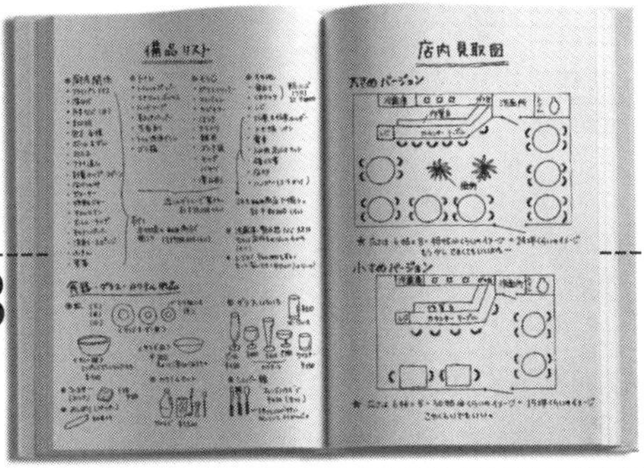


**sketch map**
**P04**

**costume**
**P05**

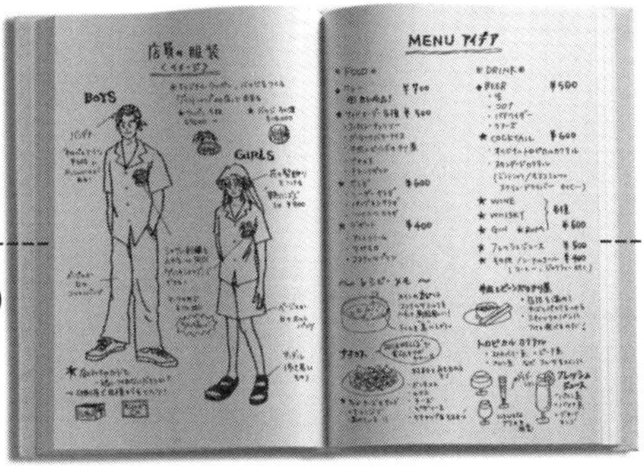


**menu**
**P06**

# act

HOW TO GET YOUR SHOP?

ion!

# HOW TO PLAY ACTION!

## ACTION!の遊び方

## HOP! STEP! JUMP!

### 無一文から店を持つまでの具体的な道のり

さて、「ＡＣＴＩＯＮ！」の章の内容紹介も兼ねて、これから始まる開店までの道のりをシミュレーションしておこう。

### 1 FIND SPACE *Action*

＜ＩＭＡＧＥ＞の章で描いてきた「こんな店がやりたい」という理想を実現するための第１歩として、まずは「ここでやりたい！」と思える物件を探しにいく。とにかくスペースが決まらなければ、最終的に必要な金額も、内外装のデザインも、品揃えも、何もかも具体的になってこない。まず、スペースを見つけることから、全てをスタートする。ここでは、自分の足で街を歩き回り、不動産屋をハシゴしながらナイスな物件を見つけるためのテクニックを網羅している。もちろん「不動産のことなんて何も知らない。アパート探しすらしたこともない人」を対象にしているので心配なく。

### 2 RESEARCH *Action*

さて、「こんな店をここでやりたい」という気持ちが固まったら、次は「その店をやるためにはいくら必要なのか」を調べていこう。まずは、物件を借りるために不動産屋に支払う「店舗取得費（スペース獲得費）」。それから冷蔵庫、開業のための仕入れ、各種工事などの高額なものから、内外装の飾り、テーブルや椅子、商品を並べる棚、食器、ゴミ箱に至るまで、店内に必要なあらゆるものを揃えるための「開業準備費（店創り費）」。最後は、オープン当初から、知名度が上がり、売上が安定してくるまでにストックしておく初期運転資金（軌道に乗るまでの貯え）。
この３つを合計することで、「自分の店」を持つために必要な金額が出てくる訳だ。

## 3 GET MONEY

*Action*

さぁ、ここまで無一文のくせに素知らぬ顔で不動産屋を回って物件をキープしたり、業者から見積りをとったりして、とうとう実際に必要な金額がわかった。本当の勝負はここからだ。「お金」というハードルをクリア出来るか、出来ないかが最大の別れ道。
そこでまず、お金を集める道具として「計画書」というものが必要になる。
おっと「計画書」と聞いて拒絶反応を起こしているあなた。「俺はそんなガラじゃねぇ」「そんな難しいことは私には出来ない」なんて思ってない？　誤解しちゃいけない。計画書といっても、今までイメージしてきたこと、調べてきたことをただそのまま紙の上に書くだけだ。計画書を創るのが面倒だからって、「自分の店」をあきらめるのはもったいない。ぜひトライしてみて。
ここでは、この計画書を使って金融機関や、あらゆる友人知人からお金を集めるための具体的な方法を紹介する。
JUST DO IT!

## 4 MAKE SHOP

*Action*

ハードな日々を越え、ついにお金が集まった。さ〜て、ここからは楽しい作業だ。まずは不動産屋にお金を払い、契約を済ませ、鍵を受け取り、開店の準備を始める。それからオープンの日を決めて、スケジュールを立て、それに合わせて、買い出しをしたり、店内の飾り付けをしたり、商品を店内に並べたり、役所への手続きをすませたり、お金の処理を覚えたり、宣伝をしたりと、大忙しになる。
さあ、感動のオープンを迎えよう。

## 5 AFTER OPEN

*Action*

開店おめでとう！　とうとう夢が現実になった。大変なこともたくさんあったと思うけど、イカした「自分の店」ができ上がったはずだ。でも、あなたの本当のストーリーはここで終わりじゃない。繁盛させて２号店、３号店と増やしていくのもよし、儲かったお金で他のことを始めるのもよし、このお店を何十年も続けていくのもよし。
最後に、「自分の店で楽しくやっていくための小さなアドバイス」をまとめてみた。ぜひ参考にしてみてほしい。

# ACTION 1

Action 01

# FIND action SPACE

## スペースをみつける

### 不動産屋を攻略するための裏マニュアル


0：「どんな物件を探すのか」を明確にする

1：服装

2：持ち物

3：不動産屋の探し方

4：会話実例集

5：物件案内シートのチェックポイント＆用語解説

6：物件の下見

7：値切り交渉

8：物件のキープ


MAKESHOP ACTION

# アパート探しと変わんない。気軽にいこう。

店名、売るモノ、内装、外装、広さ、ＢＧＭ、営業時間、出店するエリア、宣伝グッズ…それぞれをイメージしていくうちに、「自分の店の全体像」はボンヤリと見えてきたが、まだもう一歩グッとこない、漠然としかイメージできない。そんな人も多いだろう。
なぜか？
それは実際の空間をまだ自分の目で見ていないからだ。「ここが自分の店になるのか！」という空間と運命的な出会いを果たしたとき、今まで描いてきたあなたの店のイメージは急にクリアになる。そして現実味を帯びてくる。その空間のことを、ここでは「物件」と呼ぶ。

## さあ、さっそく物件を探しに出かけよう。

「まだお金も集まってないのに、もう物件を探しに行くの？？？」と疑問に思う人もいるだろう。でも、心配する必要は全くない。
すでに大金を持っている人は別として、店を始める場合の開業資金というものは、

**1:「ここでやりたい！」という物件を探し、**

**2:「ここでやるとしたら、いくらかかるのか？」を調べ、**

**3:「計画書」を創ってから、初めて本格的に集めていく**

ものだ。

## だから、今はまだ無一文だったとしても大丈夫。

## ビビらずに、まずは物件を探しにいこう。

とにかくたくさんの物件を見ていくうちにその地域の相場がだんだん分かってくる。そこで「これ以上安くて希望にあったものはない」「この物件でやりたい！」「この物件なら少々無理してでもお金を集める価値がある」というものに出会うまで頑張るんだ。そんな物件が見つかったらその家賃をベースに開業資金を見積もり、計画書を創る。そこから初めて、本格的に資金集めをスタートさせるというわけだ。

**物件が決まり、お金が集まれば、店はすぐに始められる。**

はじめからこう言うのもナンだが、正直な話、スーパー低予算で理想の物件を見つけるのは並大抵のことではない。最初は、きっと苦戦を強いられるだろう。
しかし、巷でよく耳にする「イイ物件は一般の不動産屋に出回る前に大手チェーンなどに確保されてしまうので一般人には見つけられない」という意見は必ずしも事実ではない。実際に探してみれば分かると思うが、少ない資金で小さな店を始めようとする人と、大手チェーンとは物件のターゲットが違う。だから「めっけもん」的な物件は普通の不動産屋にも意外に転がっている。自分の足で街の不動産屋を回りながら、粘り強く探していれば「ない」ということは絶対にない。実際に無一文から始め、理想の物件を見つけ、素敵なお店を始めた人はゴマンといる。

**少し探して見つからなかったくらいで、すぐギブアップしないこと。まあ、宝探しをするくらいの気持ちでのぞんでみてよ。**

それだけ心づもりしたところで、さっそく物件を探してみよう。このマニュアルさえ読めば、物件に関する知識が限りなくゼロでも、スムーズに不動産屋を回り、物件を探していけるようになるはずだ。

POINT. 0

# 「どんな物件を探すのか」を明確にする

直接、不動産屋に出向く前に、以下のような内容を自分なりに整理して、「どんな物件を探すのか」をできるだけ明確にしておこう。

**【1 希望する立地】**

◆第 1 希望

……………線沿線……………駅周辺……………徒歩……分ぐらい

◆第 2 希望

……………線沿線……………駅周辺……………徒歩……分ぐらい

◆第 3 希望

……………線沿線……………駅周辺……………徒歩……分ぐらい

**【2 希望の階数】**

……階を希望／……階から……階までなら可

**【3 希望の店の広さ】**

……坪から……坪くらい

＊「1 坪」とは「畳 2 帖」とほぼ同じ面積

**【4 入居したい時期】**

☑ check

□ 早急　□ 半年以内　□ 1 年以内　□ 未定

**【5 貸店舗の状態】**

☑ check

「居抜き物件」を希望するのか、「スケルトン」を希望するのか？

□ 居抜き物件　□ スケルトン

「居抜き物件」か「スケルトン」どちらかにはっきりと決めておく必要はないが、不動産屋に行く前に、違いだけは知っておこう。

**○「居抜き物件」とは？**

前のオーナーが使っていた設備が残っている物件。工事の必要がなく、内装、外装等に自分なりのアレンジを加えるだけで始められる。特に飲食店を開く場合などは、水道工事を始めとする厨房関係の工事＆設備購入の費用を省けるため、圧倒的に安く始めることが出来る。

**○「スケルトン」とは？**

いわゆるコンクリート打ちっぱなしの状態。全てを１から創っていくことになるので、１００％イメージどおりの店を自由に創ることができる。

**【6 業種】**

「どんなモノを売る店なのか、どんなタイプの店なのか」を不動産屋に説明できるようにしておく。

…………………………………………………………………………

**【7 予算】**

「予算はどのくらいですか？」

¥……………………………………………

## これは困った質問だ。

お金のあてがある人は正直に答えればいいが、今はまだ無一文だった場合、そんなことを聞かれても答えようがない。だからといって、「今はまだ無一文なんっすよ。これから何とかしようと思ってて。実際にいくら集まるかはわかんないっすけどね、ハッハッハ」なんて言ってしまったら、もう一貫の終わり。不動産屋は絶対に物件を紹介してくれないだろう。

## 「まあ、相場程度で」

**未経験＆無一文ならばズバリ、この決まり文句だけでオッケーだ。**

何件か不動産屋を回り、物件をいくつか見ていくうちに、「自分のやりたい物件を手に入れるためには、だいたいどのくらいの予算が必要なのか」がわかってくる。希望予算はわかった時点で具体的に提示すればいい。

ちなみに、不動産屋で「予算はどのくらいですか？」と聞かれたときの「予算」とは、主に「家賃」と「保証金」の金額を指している。これだけは知っておいてほしい。

**○「家賃」とは？**

これはそのままの意味。毎月支払う物件そのもののレンタル料。

**○「保証金」とは？**

物件を借りる人が万が一、家賃を滞納したまま逃げてしまったり、お店を目茶苦茶に壊して逃げてしまったり、お店にあるものを全て盗んで逃げてしまったり、などの不祥事を起こした場合に備えて、貸す人に保証として預けるお金のこと。賃貸アパートなどでおなじみの「敷金」によく似たもの。

## POINT. 1
# 服装

まずは不動産屋に行く時の「服装」について考えよう。

**「服装なんて気にすることないぜ」と言いたいところだが、実際の経験から見てみると、それは真実じゃない。**

はっきり言おう。たいていの不動産屋は、そのお客の信用度をまずは「見た目」から判断する。まあ、これは初対面の人なんだから仕方ないと思って。

特に店向きの物件は、アパートなどの賃貸と違って金額がデカいから、貸す方はいやでも慎重になる。当然「信用出来そうな人」以外にはまともな物件を紹介しようとしない。若くて貧乏そうに見える服装で行くと、ナメられて、真剣に対応してくれない可能性が大きい。こんなところでつまずいていたら、ラチがあかない。服装は、好印象を与えるものにこしたことはない。

ポイントとしては、

**1：いい加減ぽくない**

**2：貧乏そうじゃない**

**3：学生っぽくない**

**4：裏の世界の人っぽくない**

といったところだ。

若い人の場合は特に、男女ともにやっぱり「スーツ」がオススメ。そして同じスーツでもなるべく上品なタイプのものを選ぼう。ピンクや紫の水商売風や純白のヤクザ風はちょっとまずい。

**不動産屋を回る場合に限って言えば、「カッコよさ」よりも「まじめっぽい雰囲気」が大切。**普段まじめじゃない人も、この日ばかりは割り切ったほうが、ことはスムーズに運ぶだろう。

column

# appearance

## 茶髪＆ピアス＆タトゥー君はどうするか？

う〜ん、茶髪。軽い栗色なら全然問題ないと思うけど、モロに茶色い人や、デニスロッドマン風の人は、せめて不動産屋を回る日だけでもいいから、ビゲンとかのヘアスプレーで黒くしていくのがベストだと思う。「どうしても嫌だ」というプライドがあるなら、不動産屋のネガティブなリアクションは覚悟のうえで、トークでカバーするっきゃない。ピアスは、5連とか鼻ピみたいな激しいものじゃなければ問題ないと思う。タトゥーは、さらにネガティブなリアクションが期待できる。まあ、基本的には実際に不動産屋を回ってみて、「こりゃ、ダメだな」と感じてから髪を黒くしたり、ピアスはずしたり、タトゥーを隠したりしても遅くはない。チャンスは一度しかない、ってことでもないし。でも「自分の店を持つためだったら何だってやってやる」と腹をくくるなら、不動産屋に行く日だけでも、思いっきりマジメ君に変身してもいいんじゃない。

POINT. 2

# 持ち物

さあ、身なりは整った。**次は持ち物を確認しよう。**
以下に注意点を挙げておく。

## 1：名刺

就職している人は、現在勤務している会社名の入った名刺ではなく、新しく作った「個人の名刺」を使ったほうが無難。学校名やサークル名、チーム名の入った名刺もタブー。子供だと思って相手にされない。ナメられる。

## 2：希望物件についてまとめた書類

希望の立地、階数、広さ、入居したい時期、業種、予算などをまとめて書いた紙を作っておくと便利。自分の連絡先も忘れずに書いておく。

## 3：筆記用具

街を歩いている時、不動産屋と話をしている時、なにか参考になる情報があるかも知れない。大事なこと、覚えておくべきことがあるかもしれない。そんな時にすぐメモをとれるようにしておこう。

## 4：カメラ

不動産屋が案内する物件によっては、そのまま下見に行けることもある。記憶に残すよりも、カメラを持って行こう。使い捨てカメラでもＯＫ。

## 5：この本

何かと役に立つ、はず!?

POINT. 3
# 不動産屋の探し方

さて、用意が整ったところで次は何をするんだろう？　そう、目的地である不動産屋の場所を調べるんだ。不動産屋を見つけるには主に以下の３つの作戦がある。お好きなやり方でどうぞ。

## → 作戦 01　フットワークが命です！

### 地域ローラー作戦

まずは行動派のあなたには、地域ローラー作戦がオススメ。「自分の店を出したいと思っている駅」にいきなり行って、駅周辺をしらみつぶしに歩きながら、周辺の不動産屋を大から小まで制覇する。そして１つの駅からとなりの駅、またとなりの駅へと流れていく。希望のエリアから少し離れていても大きな駅は押さえたほうがいい。大きな駅にある大きな不動産屋は、かなり広いエリアの物件を扱っている。この方法はある意味、時間がかかるわりには非能率的な面もあるが、不動産屋というのはそんなに多くない。それに「自分の店を出店する街」という視点で、改めてその街を隅から隅まで歩きながら、人の流れや周辺の店を観察してみるのも悪くない。

## → 作戦 02　とりあえず電話で聞いてから。

### スポットチェック作戦

能率重視のあなたはとりあえず電話。賃貸情報誌、タウンページ、店舗物件情報誌（「月刊店舗」という雑誌がある。コラムを参照）などを見ながら、出店したい地域周辺の不動産屋や仲介業者にかたっぱしから電話して「自分の希望に近い物件はありそうか」を確認する。取り扱っているようだったら住所を聞き、そこで初めて不動産屋に出向くという方法もある。

## → 作戦 03　時間がないんです！

### FAXピンポイント作戦

ファックスがあれば、更に能率的なやり方がある。まずタウンページ、店舗物件情報誌などから希望地区の近くにある不動産屋、仲介業者を調べる。そこへ先ほど作った「希望物件についてまとめた書類」をかたっぱしからファックスする。条件に合う物件があれば、案内のファックスをもらえるように電話で頼んでおく。送られてきた案内をチェックして、気に入った物件があった時点で、初めて直接見に行くという方法もある。

---

## *guide*

# Book-Guide

### 「月刊店舗」という雑誌は使えるぞ。

DATA

**「月刊店舗」**

発行　株式会社テンポ

毎月1回20日発行

購読申し込み　TEL.03（5778）7170

少しマニアックだが、「月刊店舗」という雑誌はかなり使える。「お店を持つ前に読む」ための専門雑誌だ。現在入居者募集中の店舗情報も満載だし、不動産屋の連絡先もたくさんのってるし、地域別の家賃相場もわかるし、情報募集カードを送れば紙上であなたの希望の物件を探してくれたりもする。これはマジで1読の価値がある。大きな本屋に行けばたいてい売っているので、見るだけでも見てみよう。

POINT. 4
# 会話実例集

さあ、なにはともあれ、いよいよ不動産屋の前に来た。慣れないところなので緊張するという人もいれば、アパートを借りたことがあるので慣れっこだという人もいるだろう。どちらにしても、とりあえず**何からしゃべればいいのか、何を質問されるのか、**ちょっと気になるところだと思う。
参考までに、基本的な会話をシミュレーションしてみよう。

SIMULATION

 YOU（あなた）　 BROKER（不動産屋）

**＜自動ドア、開く＞**

：「いらっしゃいませ」

：「すいません、わたし○○と申します。（名刺を差し出す）
この近辺で店舗物件を探しているのですが、
いくつか適当なものがあれば見せていただけないでしょうか？」

：「どんなお店ですか？　家賃とか保証金はいくらぐらいで？
広さは？　駅から離れてもいいの？　いつ頃からやりたいの？」
（こんな様なことを聞いてくる）

：「（例えば）レストランをやりたいと思っています。
（クラブやバーとは言わないこと。「水商売はねえ」的なセリフで断られかねない）細かい希望はこの紙に書いてきたので、
（希望物件についてまとめた書類を渡す）見ていただけますか」

：（その紙を見ながら）

・**パターン1**「うーん、手頃なのあるかな？　とりあえず、いくつかあるかもしれないから自分で見てみてくれますか」
（いろいろな物件が書いてある書類の束を渡される。自分で探す）

・**パターン2**「今ないね。ここら辺はどこも空いてないと思うよ」

：「そうですか。わかりました。
今後、もしその希望に近い物件が入りましたら、
連絡いただけますか？」
：「わかりました」
：「それでは、失礼します。よろしくお願いします」
（めげずに次の不動産屋へ！）

以上のような会話の流れが一般的だ。時にはとてもフレンドリーな人がいたり、超無愛想な人がいたりとリアクションもさまざまだが、気にしない気にしない。イイ物件が見つからなければ次をあたればいい。

*column*

# taboo word

## 不動産屋に言ってはいけない一言

不動産屋を回っている時は、とにかくハッタリが大事だ。
無一文＆未経験の人がつい言ってしまいがちな禁句を挙げてみた。

**禁句1「お金のメドが立っていない」**
メドどころか一文無しかもしれない。でも、そんなこと言っちゃったら99%「予算の御用意が出来てから、また、いらしてもらえますか」と追い払われる。

**禁句2「まだ詳しいことは何にも決まっていない」**
「こいつ本気じゃないな」と思われたら最後。真剣に物件を探してくれないだろう。

**禁句3「未経験だけどお店をやる」**
「未経験」＝「なにもわかってない」＝「カモ」と思ってナメられるかもしれない。
余計なことは言わない方がいい。

**禁句4「若者だけで経営する」**
借り手が「若い」というだけで不信に思う不動産屋もいる。「しっかりしたスポンサーが付いている」「もう何年も経験があり、その上で独立する」的なハッタリをかましつつ、相手を安心させる。

## 番外編
# 「他にこんな物件の探し方もあるよ」（1）

### 【友人や知人からの紹介／引き継ぎ】

これは条件のいい物件を見つけられる可能性が高い方法だ。「知り合いのやっていた店が潰れそうだから、誰かに安く譲りたいって言ってたよ」的な物件が実はチャンス。前のお店が繁盛しなかったからといって、「自分の店」も繁盛しないなんてことは絶対にない。もし、似たようなお店を出すとしても、やる人によってお店は全く違う売上を示すもの。ジャンルの違う店をやるならなおさらだ。

### 【不特定多数に種をまく】

イイ物件を紹介してもらうために「俺（私）、お店を出したいと思って物件探してるんだ。なんかいい話があったらぜひ紹介してよ」と会う人会う人に言いまくる。希望物件についてまとめた紙を常に持ち歩き、いろいろな人に渡しまくるんだ。最初は少し照れ臭いだろうし「おまえ何言ってんの」「お店なんてそんな簡単にできるものじゃないよ」的なリアクションが多いかもしれないが、ご安心を。それは今成功している人の誰もが言われてきたことだ。チャンスはそうやって自分から仕掛けていかなければやってこない。行動あるのみ。ＨＡＰＰＹは、いつ、どこから来るかわからない。

番外編
# 「他にこんな物件の探し方もあるよ」（2）

## 【街で「テナント募集」の看板を見つけて連絡】

お店を出したいと思っている地域を歩き回っている時、ふっと見上げると「テナント募集」の看板が出ていることがたまにある。そんなときは迷わず看板に記載されている連絡先に電話をしてみよう。その物件の値段を確かめるんだ。この時「電話で何をどのように聞けばいいのか？」は以下を参考にしてみて。

**SIMULATION**

YOU（あなた）　BROKER（不動産屋）

### 電話での会話実例集

YOU：「あの、どこどこに出ていた＜テナント募集＞の看板を見て電話した○○というものですが、
あの物件はまだ空いているでしょうか？」

BROKER：「はい。空いてますよ」

YOU：「そうですか。あの物件に関する案内書などはございますか」

BROKER：「そういったものは特にありませんが」

YOU：「そうですか。
それではあの物件の家賃と保証金等を教えていただけますか」

BROKER：「えー、家賃はこのぐらいで保証金はこのぐらいになりますね」
（メモを取る）

YOU：「そうですか、
それではもう一度検討して近日中にご連絡いたします」

BROKER：「わかりました」

YOU：「それでは失礼いたします」
ガチャ。

POINT. 5

# 物件案内シートのチェックポイント＆用語解説

不動産屋に行くと必ず見せられる書類を「物件案内」と呼ぶ。アパート探しなどでなじみのある人もいるだろう。ざっと見ると、特殊な用語が多くて難しそうな印象を持つが、いくつかのポイントさえ押さえれば、非常に分かりやすいので心配はいらない。この物件案内を見て、「おっ、これは！」というものを見つけたら、不動産屋に付き従って、実際に下見をしにいくことになる。物件案内の見方を覚えて「不動産」に強くなれば、物件探しはがぜん面白くなる。んじゃ、１つ１つ詳しく解説していこう。

## 【保証金】

物件を借りる人が万が一、家賃を滞納したまま逃げてしまったり、お店を目茶苦茶に壊して逃げてしまったり、お店にあるものを全て盗んで逃げてしまったり、などの不祥事を起こした場合に備えて、貸す人に保証として預けるお金のこと。賃貸アパートなどでおなじみの「敷金」によく似ている。

実際の契約状況を見てみると、保証金は物件案内に記載されている金額よりも、たいてい何割かの値引きが可能だったりする。もちろん「新築」や「超人気エリア」などは例外となるが、この不景気なご時世で額面どおりに契約するのは馬鹿げている。ということで「ちょっと高いかな」と思う範囲であれば、すぐにあきらめず、一度下見をしたほうがいい。値切れなかったらあきらめればいい。値引き交渉についてはあとで詳しく説明しよう。

## 【家賃】

これはそのままの意味。毎月支払う物件自体のレンタル料のことだ。物件案内の記載額が相場より高かったり、築何十年の古い店舗であればチャンスはあるが、相場だった場合はわりと値引き出来る幅は少ない。つまり相場だった場合は、物件案内に書かれている金額がほぼそのまま実際の家賃になると考えていい。

## 【管理費／共益費】

ビルなどの建物を維持、管理していくために入居者全員が負担する費用のこと。通常、エレベーターや火災報知機の点検費用などに使われる。これは初めから固定されているもので、値引きの対象にはならない。

## 【礼金】

契約してくれたお礼として、借りる人が貸す人へ支払うお金。プレゼントのようなものなので、もちろん返却されない。最近、この礼金は減少する傾向にあるから、なるべくなら払わない方向でいきたい。いや、払いたくない。いやいや、払ってたまるか。

## 【仲介手数料】

借りる人が不動産屋または仲介業者に物件を紹介してくれた手数料として支払うお金のこと。通常は家賃の１ケ月分になる。これは物件案内に記載されていないので、計算し忘れないように注意すること。ちなみにこれは払うしかない。

## 【造作譲渡料】

前のオーナーの残していった設備や備品の買い取り料のこと。居抜き物件を借りる場合に発生することがある。壊れていて使えないものが含まれていたり、別途手数料がかかったりすることもあるので、できるだけこの造作譲渡料がかからない物件を選びたいものだ。造作譲渡料はたいていとんでもなく高額だが、全てが中古品のため充分に値引きの余地はある。保証金が比較的安ければ、造作譲渡料が多少高くても、あきらめずに下見させてもらうことをすすめる。

## 【保証金の償却】

償却（しょうきゃく）なんていうと難しい。ちょっと乱暴に、わかりやすく言っちゃうと「預けた保証金の中から大家さんの財布に入ってしまう金額」ってことだ。
解約するときには、通常その保証金が全額返ってくることはない。主に店舗を借りた状態に戻す費用＝「現状回復費用」とこの「保証金償却分」が引かれることになる。アパートを解約するときも、敷金は全額返ってこないでしょ。あれと同じ。
「保証金の償却」は主に以下の3つの方法のうちのどれかで行われる。
**1**：契約を解約するとき＝店をやめるときに保証金の何％かを償却する
**2**：契約期間が満了するごとに保証金の何％かを償却する
**3**：1年ごとに保証金の何％かを償却する
例）保証金「500万円」／契約期間「3年」／保証金の償却「年10％」
という条件だった場合、「とりあえず3年間は、保証金として預けた500万円の中から、10％である50万円を毎年毎年、大家さんがゲット。契約期間の3年間が終了したら、また条件は交渉しましょう」という意味。そう考えると「償却」のパーセンテージって結構あなどれないでしょ。だから物件案内シートで「償却」という言葉を発見したら、よくパーセンテージや償却方法をチェックして、不明な点はすかさず不動産屋に質問しよう。

POINT. 6
# 物件の下見

これまでのチェックポイントを参考にしながら物件案内を眺めていくうちに、やがて**「これは一度、実際に自分の目で見てみたいな」**という物件が見つかるだろう。そうしたらどうするか？　そう、次は物件の下見をするのだ。
ダンドリとしてはまず**「この物件を見せてもらえますか」**と不動産屋に頼む。すると不動産屋は、その物件がまだフリーであるかを確認し、もし空いていれば現場まで連れていってくれる。現場が近ければ歩いていくだろうし、少し離れていれば車を出してくれるだろう。

**実はこの時間が情報収集のチャンス。**
**なるべく積極的に話しかけよう。**

「この物件はどのくらい前から空いているのか」「保証金や家賃はどのくらいまで下がる余地がありそうか」「最近閉店するという噂のある物件はないか？」などの質問をさりげなくぶつけてみたり、今後、他にもいい物件があったらすぐに連絡をくれるように頼んだりしてみるといい。
そして、とうとう目当ての物件にたどり着いた。不動産屋が鍵を開け、店内を見せてくれる。さあ、初めて目にした感想はどうだろう？　しばらく使っていないので、ほとんどの空間は暗くて、ほこりっぽくて、魅力なく見えるかもしれない。でも、この段階ではまるで問題じゃない。そんなものはもちろん、照明をつけて、大掃除をすれば見違えるほど明るくきれいになる。
物件の下見の段階で、チェックしなければいけないことは主に以下のとおり。

# 物件下見のチェックポイント

## 【1】「店内のつくり」

居抜き物件の場合、自分が新しく買ってきて取り替えられるものと、そうでないものがある。例えば床に固定されているタイプの椅子やテーブル、カウンターなどはふつう取り替えることはできない。入り口のドア、壁に固定されている棚なども、多少は飾りつけできたとしても、たいていはそのまま使うことになる。あえて取り替えたい、取り壊したいと思う部分に関しては「そうしてもいいのか、ダメなのか」を不動産屋にしっかり聞いて確認してほしい。そうしないと後で必ずトラブるから。

## 【2】「調理場の基本的な設備」（飲食店の場合）

立地や内装がとっても気に入った場合、よく見落としがちなのが、調理場の基本的な設備だ。気をつけなきゃいけないのが「ガスは何台使えるのか」「水道の蛇口はいくつあるか」「必要なサイズの冷凍庫や冷蔵庫を置く場所はあるか」「必要な調理スペースはあるか」などのこと。どんなにいい場所でも、どんなに素敵な内装でも、調理場に問題があったら、思ったとおりのメニューが出せない。せっかくの店もだいなしだ。

## 【3】「空調設備」「音響設備」

空調設備とは、エアコンや換気扇のこと。これが正常に動くかどうかはしつこいくらいに確認したほうがいい。もし電気がきていなくて、実際には確かめられなかったとしても、「万が一、故障していた場合の修理代は全額負担してもらえるのか」を必ず不動産屋に確認しておこう。もし故障に気付かなかった場合、開店当初に巨額の修理代を支払うハメになる。音響設備も同じ。

また故障のチェックだけでなく、スピーカーを新しく付けることは可能なのか、ＣＤやＭＤのデッキはつなげるのか、など自分のイメージ的に使いたい機器があれば、その接続が可能か否かを確認しておく必要がある。

## 【4】「使用可能な備品」

大きなモノから小さなモノまで、前のオーナーがその物件に残していったモノがあるかもしれない。その中で「自分が使っていいモノ、借りていいモノはどれなのか」を確認しておこう。この冷蔵庫は？　このテーブルや椅子は？　このグラスは？　などなど、しつこくチェック。

## 【5】「外装」「入口＆階段＆エレベーター」

物件の外の様子を確認し、自分のイメージ通りにできるかどうかを確認する。「ここに、こんな看板を出してもいいのか」「店の入口や階段をこんな風に飾ってもいいのか」などを詳しく聞いてみる。

## 写真やメモをとっておく

その場で即決！　といけるほど完璧な物件なら問題ないが、たいていの物件は「見てガッカリ」とか「全体としてはいいけど、ここところが問題だなあ」という感じだと思う。100％、完璧に、希望どおり、という物件が見つかる可能性は極めて低い。いくつか見て回ったうえで候補をあげて、その中から最高の物件を選んで決めるというのが通常だ。その判断をする際に、大きな材料の１つになるのが下見の時にとったメモや写真。後でいくつかの物件からセレクションすることを想定して、メモや写真をとりまくっておくといい。内装工事の見積りをとる場合にもかなり役に立つ。
（写真の撮影は不動産屋の許可をとってからにしよう）

**《メモの内容例》**

物件の第一印象／店内のつくり／調理場の設備／店周辺の様子／いいところ／問題があるところなどなど。

**《どこを写真におさめるか》**
外装、内装の全景／水道まわり／窓／ドア／トイレ／調理場／エアコン／照明／コンセント／ゴミ置き場などなど、ありとあらゆる店内外の様子を撮れるだけ撮る。外の看板や周辺地域の様子などもお忘れなく。

## 前の店が閉店してからどれくらい期間が経っているかを確認

これは今後の値段交渉の材料になる。ここ何年もずーっと借り手のいなかった物件なら、思いっきり強気に出て値引きさせることも可能だ。逆に空いたばかりで、問い合わせも多い物件だった場合は、値引きはあまりしてくれないだろう。交渉のテクニックはこの後使うとして、その材料を先に集めておくわけだ。

## まわりにどんな店があるかをチェック

これはかなり大事だ。例えばどんなに店内が理想的だったとしても、すぐ隣にファッションヘルスがあるような場所では、さすがにお洒落なカフェはできないだろう。驚くほど安い物件だと思ったら、２階が危ない人達の事務所だったりすることもある。まあ、それは極端な話だとしても、下見した物件がビルの中にある場合、同じビルにはどんな店舗が入っているのか、どのくらい繁盛しているのか、どんな客層が多いのかを知っておく必要がある。不動産屋の人に聞いたり、後日、自分でチェックしにこよう。
それから、もしすぐ近くに建設中の建物があった場合は、「そこに何ができるのか」を不動産屋や近所の住民に聞いておく。店の中と同様、店の外もしっかり観察して、物件は総合的に評価することが大切だ。

ここまでの点を中心にチェックして下見は終了。下見の際には、変に気を使わず、調査にじっくりと時間をかけるべきだ。質問魔になっていい。後になって「どうしても、もう一回じっくり見たい」と思ったら、遠慮せずにもう一度下見させてもらおう。ちゃんと丁寧に頼めば、なんにも問題はない。

*column*

# become friendly

## 不動産屋の人と仲良くなろう

いい物件が見つかるも、見つからないも、全ては人と人とのつながりなんだなあ、やっぱり。不動産屋の人は毎日毎日、寝ても覚めても物件のことを考えている訳で、まさしくその道のプロ。そんなプロフェッショナルな人達と仲良しになれれば、何も怖いものはない。ビジネスを越えたラインで、たった一人でも話ができる人がいたら、わからないことは何でも気軽に相談できる。下見の時には少なくても2、30分は2人きりで行動するのだし、まぁ、無理にとは言わないが、なれることなら仲良くなろう。

POINT. 7

# 値切り交渉

下見をした物件が「ダメ」だったら、不動産屋さんにそう告げるのみ。今後のこともあるのでなるべく遠まわしに断ろう。あちらの気分を損ねるような、失礼な言い方はしないこと。いい気分で別れられれば、後日、もっといい物件を紹介してくれるかもしれない。

**大事なのは、「ここでやりたい！」「この店でやれるなら、無理してでもお金を集めてやるぜ！」というナイスな物件を探し当てたときだ。**

**その時は、ガッツポーズもそこそこに、すぐ値切り交渉に入ろう。**

物件案内に記載されている金額は、まだまだ値切れる。限界まで値切ってみて、初めて「本当に必要な金額」がわかる。「保証金」や「家賃」の金額などを中心に、値切り交渉を始めよう。まだお金なんて1円も用意してなかったとしても、すました顔で値切りはじめちゃうわけだ。

## 値切り交渉のテクニック

保証金と家賃の金額を中心に、値切り交渉のテクニックを紹介しよう。

「物件案内のチェックポイント＆用語解説」のページでも説明したとおり、物件案内に表示されている**ほとんどの保証金や家賃は、実際に貸せる金額よりも若干高く設定している**。物件を貸す側にすれば「表示通りの金額で借りてくれれば儲けもの」といったところだ。その金額で借りてしまったらもったいない。値切れるだけ値切る必要がある。以下の手順を参考にして、自分なりに試してみよう。

## technique 01

まず、保証金は表示金額の「半額」、家賃は「３割引き」くらいから仕掛ける。例えば物件案内に、「保証金400万円／家賃20万円」と記載してあったら、こちらの希望金額は「保証金200万円／家賃14万円」と記入した紙を提出する。

## technique 02

おそらく不動産屋のリアクションは「かなり悪い」はずだ。「家賃もそうだが保証金が半額なんてふざけんな！」といったところだろう。それはあたりまえ。気にしない。交渉はここからスタートだ。今度は自分から「あの物件を気に入っていて、どうしても借りたいんですが、最低でどのくらいの金額なら現実的ですか？」と聞いてみる。

## technique 03

あちらが示してきた金額はいくらだろう？　例えば「保証金350万円／家賃20万円」だったとしよう。保証金だけを50万円引いてきたわけだ。さて、ここからが勝負。まず、「保証金と家賃の両方を値引きするというのは難しいが、片方は全面的に妥協し、片方だけに集中して値切ればかなりいける」という法則を覚えてくれ。そのためには、保証金と家賃のどちらをターゲットにするかを選択する必要がある。

**《ターゲット選択の視点 1》**

保証金を１００万円値切るのと、家賃を５万円値切るのを迷ったとき、もし家賃を値切れば、開店して２０ヶ月以降は毎月５万円ずつ得することになる（５万円×２０ヶ月＝１００万円）。保証金が現在払えるレベルの金額ならば「家賃」を値切るべし。

**《ターゲット選択の視点 2》**

「特に今のところお金のあてもないし、とにかく開店資金が集まるかどうかが不安」という人は、坪単価が相場よりも極端に高いという場合を除いて、家賃には目をつむり、素直に保証金の値切り交渉に全力を注ごう。極端に言えば、毎月の家賃が少々高くても、それだけ売上を上げられれば健全な経営はできる。でも、保証金が高くて開業資金が足りないようでは、店を始めることさえできない。

technique **04**

家賃か保証金か？　ターゲットが決まったら再度、次のように仕掛ける。

**《保証金を値切る場合の例》**

「家賃はそちらの提示どおり、20万円で異存ありません。しかし保証金に関してはご一考願えませんでしょうか？　こちらの希望金額は250万円です。もしそれでよろしければ、やりたいと思っています。ぜひ、ご検討よろしくお願いいたします」

保証金ではなく家賃を値切る場合は、以上の会話例の「家賃」と「保証金」の言葉を逆にして、金額を入れ直してくれ。金額の決め方についてはこれといった法則はない。相手の態度などから状況を判断して勝負しよう。

technique **05**

この調子で、値切り交渉を繰り返し、限界が見えるまで続ける。

## 肝に銘じてほしいのは「すぐに妥協する必要はない」ということ。

もしあちらが強行姿勢をとり、値切れる気配がなかったら「それではあきらめて他の物件を探します。もし状況が変わりましたらご連絡ください」といって交渉を中断したっていい。

それから数日待ってもあちらから連絡がなく、それでもその物件があきらめきれなかったら、その時点であちらの条件に乗ればいいことだ。あちらから「やっぱり希望の条件をのみましょう」とくる可能性も少なくない。

## その物件は
## 「どのくらいの期間、空いたままになっていたのか」。

つまり、「どのくらいの期間、借りたい人が現れなかったのか」が大事なポイントとなる。これはさりげなく不動産屋から聞き出しておきたい。なぜなら、もしその物件が何年も借り手のいない物件だった場合、貸す側はかなり妥協してでも貸したがるからだ。この機会を逃したら今度誰が借りたいというかわからない。当然、こっちも強気でいける。逆に空いたばかりのタイミングであなたが借りようとした場合、今度は、貸す側が強気に出てくる。あなたが借りなくても借り手はすぐに見つかると考えるからだ。「空いていた期間」によってあちらがどの程度妥協してくれるか。それを読みながら交渉を進めていこう。

## 礼金／保証金償却／改装期間中の家賃などの
## 条件による値切りテクニック

こちらが妥協するときのテクニックとして、「その代わり礼金を半額にしてほしい」「保証金の償却を少なくしてほしい」「改装期間中の家賃を考慮してほしい」などの要求を出してみるべきだ。一つでも了解してもらえたら儲けもの。逆に「保証金の償却を多くしても構わない」という条件で保証金を値引きする方法もある。これは「償却が何パーセント上がるということは、いつ頃どれくらいの金額を損することになるのか」ということをしっかり不動産屋の担当者から確認したうえで実行してほしい。

POINT. 8

# 物件のキープ

値切り交渉を繰り返すうちに、「ここらへんが限界かな」という値段が見えてくると思う。そこで、次は物件をキープする。
いくらその物件が気に入っていても、今はまだ無一文。契約なんてできる訳がない。必要なお金を集めきるまでの期間、絶対に他の人に横取りされないように全力を尽くすわけだ。
不動産屋のリアクションに応じて、手付け金を払う、しつこくしつこく電話をして泣き落す、などのありとあらゆる作戦を使って、気に入った物件をキープしよう。以下に基本的なやり方を書いておいた。

## method 01

まず、「とってもこの物件が気に入ったので、話を進めていきたいと思っています。いくつか検討したい点もございますので、しばらくこの物件を押さえておいていただけますか？」と言って、他の人に先を越されてしまわないようにしっかり念を押す。

## method 02

きっと不動産屋さんは「しばらくというと、どのぐらいの期間ですか？」ということを聞いてくるだろう。そこで、逆に「検討する期間として、最長でどのくらいだったら押さえておいてもらえますか？」と聞いてみる。

## method 03

あちらが「１週間くらい」といえば「２週間もらえないか」と頼み、「２週間」と言えば「１ヶ月」と、なるべく長く引っ張り、時間を稼ぐ。

method **04**

もしかすると不動産屋は「いつまで押さえておけるというよりは、他に借りたいというお客さんがいれば明日にでも決めていただくことになりますが」と言うかもしれない。その場合はしかたない。「わかりました。もし他に借りたいというお客さんが現れてしまったときには、お手数ですが私にご連絡いただけますか。そのときに決断いたします」と言うこと。こうやって、まずは気に入った物件をいくつもキープする。

そして、次の段階へと進んでいく。

GO TO THE NEXT STAGE

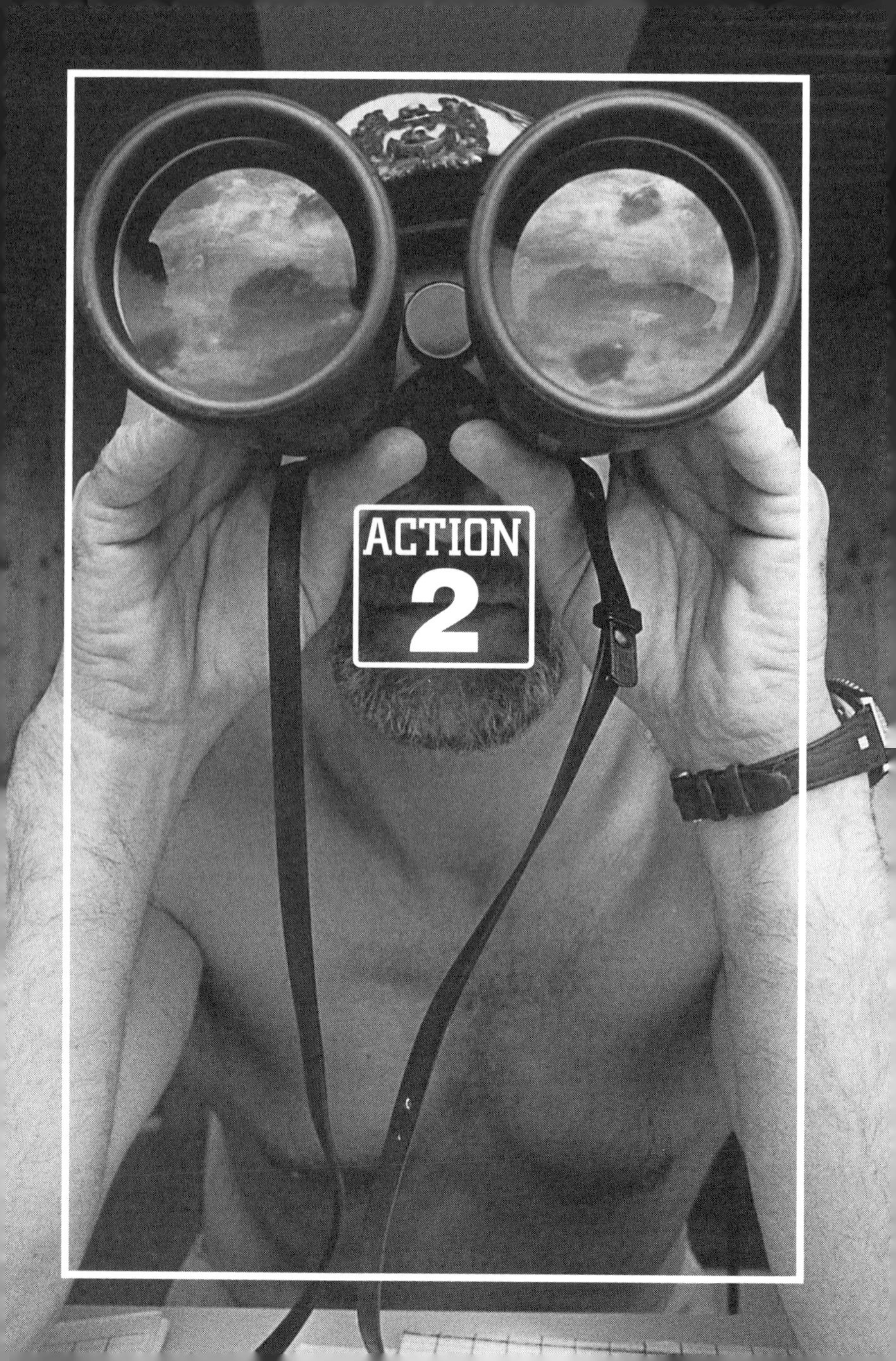
ACTION
2

Action 02

# RESEARCH action

## 必要な金額を調べる

A：店舗取得費（スペース獲得費）

B：改装費（店創り費）

C：初期運転資金（軌道に乗るまでの貯え）

MAKESHOP ACTION

# 必要な金額を調べる

さて、「こんな感じのお店をここでやりたい！」ということは見えてきた。**次に、「その店を現実に始めるためにはいくら必要か＝開業資金はいくら必要か」**。これを調べてみよう。
まず、開業資金とは何なのか？　それは以下の3つの費用の合計なんだ。

### 【A】店舗取得費（スペース獲得費）

物件を借りるために必要なお金。保証金、礼金、最初の家賃、契約手数料などから構成される。これが、とっても高い…。

### 【B】改装費（店創り費／開業仕入費も含む）

Aの支払いを済ませ、物件を手に入れたあなたが、その空間を「自分の店」に創りかえるためにかけるお金。ピンからキリまで。「手作りのお店」と「デザイナーと業者が作るお店」では費用がダン違い。これにはまた、最初の商品を揃えるための「開業仕入費」も含めて考えていこう。

### 【C】初期運転資金（軌道に乗るまでの貯え）

「店が軌道に乗る」というコトバ、聞いたことない？　これは、売上が上がるようになって、店のつぶれる気配が無くなることだが、そのコトバからわかるように、まだ「軌道に乗ってない時期」ってのがあるわけだ。開業直後、まだなじみのお客さんが付いていない時期は、なかなか売上が上がらない。するとごく自然に、店は資金不足気味になる。そんな資金不足の時期を乗り切るための貯え、それが初期運転資金ってわけ。

### A＋B＋C＝総開業資金

つまり、店のスペースをゲットして、自分の店に創りかえて、軌道に乗るまでに用意する運転資金。これが「自分の店」を開くときに、丸ごとかかる費用だ。それじゃ、さっそく1つずつ調べていこうか。

# A 店舗取得費（スペース獲得費）

これは簡単。＜FIND SPACE＞の章で、値切り交渉を繰り返した結果、明らかになった金額の合計を確認すればオッケー。

Write Form

| | | |
|---|---|---|
| 保証金 | ¥ | ＋ |
| 礼金 | ¥ | ＋ |
| 1ヶ月分の家賃 | ¥ | ＋ |
| 仲介手数料 | ¥ | ＋ |
| その他（あれば） | ¥ | ＋ |
| **Ⓐ店舗取得費** | ¥ | ＝ |

# B 改装費（店創り費）

## これが結構たいへん。じっくりいきましょう。

まずは、自分が描いてきた店のイメージを分解する。例えば、内装、備品、外装…というような項目に分ける。そしてその項目ごとに必要なものをリストアップし、街のお店に出かけたり業者を訪ねたりして、「現物」を探し出し、その現物がいくらで買えるかを1つ1つていねいに調べていく。

1つ例を挙げてみよう。

**→ FOR EXAMPLE**

Poo Poo Chair™ original item made by sanctuary

例えばあなたが、座ると「ぷぅ」と鳴るイスをどうしてもお店に置きたいとする。まず、あなたはそのイスを探しに街へ出かける。デパートから家具屋まで歩き回る。

ちょっと変わった趣向のイスだから、なかなか見つからない。「飲食店向けのイスを専門に扱う店」というのが東京の浅草にあると聞いて、そこにも出かけたとする。

すると…あった！　座ると鳴るイスが！（フィクションです）

遠くまで来た甲斐があった。

が、しかし見た目が良くない。自分がイメージしていたモノと違う。

あなたはお店のおじさんを捕まえて、「もっと違うデザインはないですか、もちろん鳴るヤツで」と、「自分の希望」を伝える。

おじさんは困った顔をして「コレしかないね、鳴るヤツは。あんまり売れないからねえ」と冷たい反応。

諦めるわけにはいかない。なんせそのイスを置くのが夢なんだから…。

そこであなたは「なんとかなりませんか」、おじさん「なんとか？」、あなた「ええ、なんとか」…でも結局、おじさんはより困った顔をするだけで、まともに相手をしてくれない。

ちぇっ。すぐに別のイス専門店へ向かう。

そこにも、さっきのと同じイスがあった。「またこれか」と思うあなたは、ふと気がつく。値段が違う。１割くらい、安くなっている。「ほう」と感心していると、お店のおばさんが近づいてきたので、あなたは先ほどと同じようにお願いをする。違うイスを指さしながら「こんなカンジのデザインで、ぷぅって鳴るイスが欲しいんですけど」。
おばさんは顔を赤らめて「そんなの、どこがいいのかねえ」とつぶやきながらも、カタログを持ってきてくれた。そこにはイスの材料がたくさん並んでいる。
「コレ、これがぷぅって鳴るヤツなのよ」…見れば、小さなクッションのようなモノ。
「そこまでこだわるなら、これを工場に注文して、あなた好みのイスの中に入れればいいんじゃない？」そう言うとおばさんは、はにかみながら一旦店の奥に消えた。
…というわけで方針が決まった。おばさんは電話をして、工場に確認してくれた。どうやら理想のイスを手に入れることができそうだ。
恍惚の表情を浮かべているあなたに、おばさんが聞いてくる。「もう、注文していいのよね？」
こんなにおばさんの手を煩わせておきながら、こう言うのは心苦しいと感じるかもしれない。かなりつらい。でも、今のあなたはまだ「値段を調べているだけ」なのだ。
「今日はまだ決められません。これからよく検討したいと思いますので、見積書だけいただけますか？　実際にお願いするときは、必ずこちらで買わせてもらいますので」と、お断り＆お願いをするんだ。
おばさんもこの商売、長い人ですからイヤな顔などしない。
いい人だ。
「ありがとさんねー」おばさんの声に送られて、店を出た。手には「見積書」が握られている。
イスにケリをつけたあなたは足取りも軽く、大声で歌いながら、帰りの駅に向かって歩き始めた。
すると「おや…？」ここに一軒の「イス屋」があるじゃんか、さっきまで見逃していたぞ…あなたは立ち寄るかどうか迷う。
もう、「見積書」は手に入れている。おばさんに、「おばさんの店で買うよ」という約束もしている。
歩き疲れているし、早く帰りたいな…。
でも、ここは絶対にこのイス屋に立ち寄るべきだ。もちろん、見積りを取って比較するためだ。ただ見積りを取るだけ、どうせおばさんの店が一番安いに決まっている。そして、疲れた足にむち打って、そのイス屋に入っていった…。もし、この店の方がさっきのおばさんの店より安かった場合、あなたはどうするだろう？　おばさんとの約束を守るか？　それともこの、安い店で買うか？　その決断はあなた次第…。

コレが、改装費を見積もる場合の「一風変わった」例だ。
要は、必要なもの1つ1つについて、お店を回ったり、業者からパンフレットを取り寄せたりして値段を調べ、値切り、他のお店と比較して、一番安くていいものを見つける。最後に全部を合計して、あなたのお店がいくらで始められるのかを調べるわけだ。といっても1品1品の値段を調べるのは、まさしく足が棒になる作業。がんばらなアカン。
これからその結構大変な仕事にかかるわけだが、もう少しわかりやすくするために、「改装費」を4つの項目に分けることから始めよう。

## 改装費は次の4つに分けられる。

### 【1】内装

「店の中＝内側」を自分の店らしく飾るための費用。イス、テーブル、商品棚、飾るオブジェなどの目立つモノから、店内の時計、照明、音響設備など、あまり目立たないモノまでいろいろ。自分の店を「演出するもの」は、すべて内装費になる。壁にクロスを貼ったり、カウンターを取り付けたり、床をフローリングにしたり、という工事費も含む。

### 【2】外装

字のごとく、店の外側を飾る費用。内装の反対が外装。お店の外に出す看板、照明、歩いている人の目を引くアイテム、などにかかるお金。そんなにたくさん買うことはないだろうが、1品1品が「比較的高い買い物」になるはず。看板などの取付工事費もばかにならない。

### 【3】備品

飲食店なら、冷蔵庫、冷凍庫、製氷器、ショーケース、コールドテーブル、レンジ、オーブンなどの高額備品に始まり、グラスや食器、まないたなどの厨房関係のもの。はたまたごみ箱やトイレットペーパーなど。要は内装＆外装以外で店で使うものすべてを「備品」と呼ぶことにする。居抜き物件の場合は、高額な備品を買わずに済む場合もあるが、スケルトンの物件は、新たに買わねばならないものが多く、どれもとても高い。高いものは自分で買って所有するよりも、リースで月々の使用料を払う方が無難。

### 【4】開業仕入

仕入というのは簡単に言えば、「商品（売り物）または、材料を買うこと」。開業時の店には一切、商品がない。物件を借りたら、最初から冷蔵庫に肉や卵が入っていた。そんなありがたい話は聞いたことがない。したがって最初（開業）の仕入は、一気に商売できるレベルのモノを揃えるため、たくさんの商品を買うことになる。結構お金がかかるんだよ、これは。

以上4つの項目に分けて、それぞれの「値段を調べる＝見積もる」。その後、それぞれの金額を足し算すれば、「自分の店」の改装費（店創り費）がわかる。
というわけで、前置きが長くなったが、そろそろ始めよう。

改装費 1
## 内装

「自分の店」の店内を演出するための費用。それが内装費だ。内装費の見積りを出すのは簡単、簡単。
まずは、これまでにイメージしてきた店内デザインと、自分の見つけた物件を、実際に照らし合わせてみる。不動産屋に頼んで、もう一度物件を見せてもらってもいい。下見のときに撮った店内の写真を見ながら考えてもいい。とにかくこの時点で、「どんな内装にするか」を9割ガタ決める。もしも「やっぱりこの物件はイメージとは違う、広さも造りも気に入らない」というときは、また街へ繰り出して、資料をかき集めればいい。
最終的には「買うモノ」を決め、「値段」を調べ、「売っている場所」を確認する。それらをノートなんかに書き込んで終了だ。

## 工事について

ここでいう工事とは「自分の手でできないこと＝業者に頼むこと」。
この先、資金集めに成功し、物件の契約が終われば、いよいよオープンに向けての改装が始まる。
物件が決まって、あなたの頭の中はかなり具体的になった。そして「改装計画」も描かれつつあると思う。
その「改装計画」にはタイプがいくつかある。いろいろなモノを買ってきて設置する「買い物改装」、トンカチ片手に格闘する「日曜大工改装」、そして、この工事費にあたる「自分じゃできない改装」などがある。
例えば壁を改装する場合、素人じゃクロスは貼れない。しわが寄ったり、しばらくするとはがれちゃったりするだろう。やっぱり「クロスを張り替えたい」と思うなら、業者にやってもらうべきだ。でも、ペンキを塗ったり、木を打ちつけたり、布をかけたりすることならば素人にもできる。上手くやれば、クロスに勝る「オリジナルの壁」を創り出せるかもしれない。
「お店を創るのは業者の仕事。オーナーの自分は金だけ出して、腕を組んでタバコを吸っていればいい」と思ってしまいがちだが、実は「自分でできること」はたくさんある。
金よりはアイディアと労力を使って、いい店を創ることをすすめたい。
でも「危険なもの」に関しては別の話。
高い場所にある袖看板の取付や、ガス管、水道管の工事などは、危険が伴うので、絶対に業者にお願いすること。ガス爆発なんて起こった日にゃ、「自分の店」どころの話じゃない。工事の必要性をうまく見極めて、なるべく無駄な工事費を省こう。
では、工事のために業者を使う場合の、見積りの取り方。

### step 01

まず、タウンページなどの電話帳から業者の連絡先を調べる。ピックアップした業者に電話をかけ、依頼したい内容を伝える。電話する時には「まだ見積の段階なのですが」と断っておくこと。

## step 02

物件の場所や広さを伝えたあと、トータルの「料金」を聞く。たいていの業者さんは「見てみないとわからないね」と言うだろうが、おおよその料金でかまわないので、なんとか聞き出してみる。クロスの素材など種類がいろいろある場合は、それによって値段も変わってくるので、自分が出向いてパンフレットを見せてもらうか、不動産屋に了解を得たうえで、業者さんに物件を見てもらうかして、見積りを出してもらう。

それともうひとつ。業者さんを探す前に、「友達の中でできるヤツはいないか」を考えてみよう。「友達がクロス屋で働いていた」というのは、ちょっとでき過ぎた話だが、実際よくある話。仮に本物の業者でなくても、「そういうのが得意な人」ってのは結構いるものだ。
もし心当たりがあったら、「メシおごるから手伝ってよ」なんて軽いノリで声をかけてみよう。友達にしたって「お店を創る」なんていう経験は、なかなかできるものじゃないので、いい返事が期待できると思う。知り合いに紹介してもらう、っていうのもいい手だ。見ず知らずの業者に頼むよりも、安くしてくれたり、わがままを聞いてくれたりするだろう。

**最後に内装の見積総額を、ここに書いておこう。**

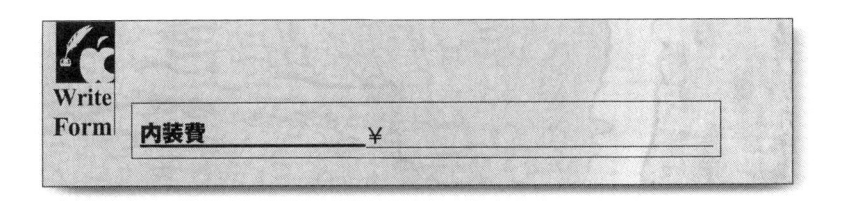

Write Form

内装費 ¥

改装費 2
# 外装

外装。それは、街の人に「イイ店がここにあるぞ！」と、アピールしてくれるモノ。
看板、置物、ネオン、メニューなどを設置して、街を歩く人の興味を誘うわけだ。またこれらは、チラシを見てきてくれる人や、口コミであなたの店を探している人にとっての目印となる。店のオーナーは、一人でも多くのお客さんをお店に入れようと、外装に様々な工夫を凝らしているものだ。とりあえずは代表的なものだけでも、見積りを取っていこう。

## 【1】袖看板

袖看板とは、ビルの側面についている縦長の電光看板のこと。普通、店の名前と建物の何階に入っているかが書かれている。
「製作」と「取付け」のセットで看板業者に頼むのが一般的だ。業者に物件を見てもらって、どれくらいお金がかかるかを聞いておこう。

## 【2】アイキャッチャー

「アイ＝目」「キャッチャー＝捕るもの、捕まえるもの」。つまり、アイキャッチャーとは、目を捕まえるもの、「目を引くもの」のことだ。
道を歩く人に「ここに店がある！」ことを知らせるためにある。だから、それを見た人がお店に入りたくなるようなイメージを与えることが大事だ。
街を歩く人をお店に入れるために、本当に必要なのはこのアイキャッチャーだろう。「本当に」と言ったのは、「袖看板なんて誰も見ちゃあいない」からだ。
たしかに袖看板は、お店を探して歩いてくる人にとっては有効だ。が、ただ街を歩いている人にしてみれば、何の効果もない。「ただの通行人」に興味を持たせるには、やっぱりアイキャッチャーが一番だと思う。

旗でも、看板でも、置物でも、人形でもいい。とにかく何かを置こう。
建物の入口周辺に「空いているスペース」を見つけ、モノのイメージと大きさを決めたら、「アイキャッチャー」を探しに街へ出かける。値段を調べるのも忘れずに。

## 【3】音楽

ここであえて「音楽」を入れたのは、店内で流している音楽を、外にも流そうというたくらみ。外にスピーカーやラジカセを置き、好きな音楽を流せば、それも立派な「外装」になる。看板やアイキャッチャーで「目」に訴え、音楽で「耳」に訴えるわけだ。
音楽にこだわった店ならば、そこから流れる曲につられてやって来るお客さんもいるだろう。店のコンセプトである音楽の話で盛り上がれば、そのお客さんはきっと「常連」になってくれる。自分自身も楽しい。
近所からの苦情を心配して大家さんはきっと反対するだろうが、効果を考えるとあきらめるのはあまりに惜しい。なんとか粘ってみよう。
さて、見積り。
店内のデッキから長いケーブルを伸ばし、外のスピーカーにつなげる場合、基本的にはスピーカーとケーブルの代金だけで済む。ただそれとは別に、スピーカーの盗難対策と防水対策は考えておいた方がいい。ラジカセの場合はただ置くだけなので、ラジカセの値段を調べればいい。これも盗まれないように、チェーンを付けるなどして盗難対策をする。

## 【4】照明

日が暮れれば、当然あたりは暗くなる。暗くなるにつれて、店が見えなくなり、誰にも気づかれなくなる…。
だから外装には、「照明設備」が欠かせない。ネオンのようにそれ自体が光る看板なら問題ないが、せっかくのアイキャッチャーや看板が、夜の闇に溶けてしまってはもったいない。理由はそれだけじゃない。「入口をライトアップ」することで、お客さんは「ああ、これから店に入るんだなあ」と、日常と非日常の境目みたいなものを感じられる。また、若い女の子に安心感を与えることができる。逆に入り口が妙に薄暗いと、「なんかこの店ヤバくない？」的な不安を与えてしまうだろう。
日が暮れたとき、「自分の店」の入口はどんな具合になるだろう？
最初からついている照明設備があると思うが、アイキャッチャーなどを置いてみると、明かりの量が足りなくなることも多い。
むやみに明るければいいわけじゃないが、適度に光らせることで通行人の注目をグッと集められる。
照明器具自体は、そんなに高いものではない。「クリップ付き」のスポットライトならば、3000円程度の予算で充分な明かりを得られる。

少々（イヤ、かなり）高い買い物になるが、もし「ネオン管を使って自分の店のロゴマークの看板を創りたい！」と思ったら、タウンページの「ネオンサイン」のページから業者をピックアップして、見積りを取ってみればいい。

**最後に【1】から【4】までの見積り総額を書いておこう。**

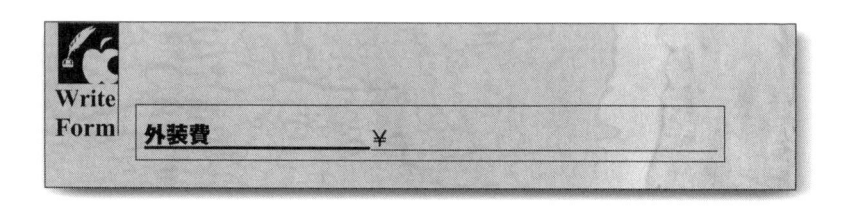

Write Form

**外装費** ¥

改装費 3
# 備品

## 【消耗備品】

タオル、ナベ、フライパン、包丁、まな板、グラス、皿、たわし、洗剤、石鹸、雑巾、ほうき、ちりとり、ボールペン、伝票ホルダー、会計伝票、焼き鳥の串…など、消耗備品はそんな小物ワールド。数は多いが、それでいて高価なモノがあまりない。

さて、あなたが「自分の店」で、ある1日を過ごすシーンを想像してみよう。頭の中に映写機を置いて、「自分の店」とラベルされたフィルムをセットする。スクリーンには「自分の店」の姿が映し出されていく…。
…街を歩くあなたが、「自分の店」に着きました。開店したての、とあるカフェバー。ガチャッと鍵を回して、店に入ります。掃除をします。買い出しをします。食材を仕込みます。髪型や身だしなみをチェックします…すると、時間が来ました！　ＣＤを選んでかけます。照明を落とします。開店です。お客さんが来ます。席に案内します。注文を取ります。飲み物を出します。食べ物を作ります。笑顔が見えます。美味しいという声が聞こえます。…時が流れて、お会計です。…さらに時間が経ちます。閉店時間になります。レジをシメて、計算機をはじきます。洗い物をして、軽く掃除します。タバコを一服、お疲れさま。…シャッターを閉めて、鍵をかけて、家路につきます。

1日の流れを文字にすると、たったこれだけのことだ。ただ忘れちゃいけないのが、「自分の店」にいる間、あなたはたくさんのモノを手に取り、使いこなしているということ。そう、店にいるあなたが手に触れたあらゆるモノ、内装外装を除いた全ての日用的なモノ、それが「消耗備品」だ。品数が多いだけに、全部をリストアップするのは大変だ。おまけに1品1品の値段を調べるなんてスーパー面倒だろう。

でもなるべく多くをリストアップして、見積っておきたい。ここでサボると、後で資金が足りなくなるから頑張ろう。

## 【高額備品】

この「高額備品」とは、なんだろう。
飲食店の例をあげれば、冷蔵庫、製氷器、ショーケース、食器洗浄機、ガス台、オーブン、コールドテーブル…など。つまり、高額のマシーンのことだ。
ただ、高額備品について注意したいのは、「いきなり買わない」ということ。自分の借りた店に、前のオーナーが使っていたものが「残っている」場合があるからだ。あなたの物件が「居抜き」なら、おそらく何かしら残っているはず。残っていれば、買わなくて済むし、見積を取らなくてもいいわけだ。
まずは、自分のキープしている物件をチェックしてみてほしい。その結果、高額備品が残ってないことが分かり、新たに手配する必要がある人は…。

### step 01 必要なものをリストアップする

自分のキープしている物件に無いモノで、必要なモノをリストアップする。電話帳で業者を調べて、パンフレットを送ってもらうのがてっとり早い。パンフレットを見ながら、そこに必要なモノがあるかどうか、じっくり考えてみる。

### step 02 入手方法を考える

高額備品は、高い。だから、できれば買いたくない。でも欲しい。そんなあなたに残された入手方法は2通り。

**A　買う**…安い業者や店を探して、値切って、値切って、値切ってからお金を払うことを「買う」と言う。買ったモノは、もちろん「自分のモノ」

になる。ローンを組んで買っても、もちろん同じこと。

**B リース**…月々の使用料を払って、借りること。借りているから、「自分のモノ」ではない。トータルで考えると、少し割高だったり、保証人が必要だったりと、いろいろ面倒なこともあるが、やっぱり月々の支払いの安さは魅力。

### step 03 見積を取る

ここからは今までと同じく、「値段を調べる＝見積り」をしてもらう。

**最後に「消耗備品＋高額備品」の見積り総額を書いておこう。**

Write Form

**備品費** ¥

改装費 4
# 開業仕入

「仕入」とは、「商品（売るモノ）または、その材料を買うこと」。開業仕入費というのは、開業するときにかかる仕入の代金のことだ。カフェならコーヒー豆を買うし、古着屋なら古着を買うだろう。
店として運営できるだけのモノを一気にまとめて買うわけだから、かなりのお金がかかる。そのかわり、店をオープンした後は無くなったモノを補充していくだけで済む。

まず、「オープン時の自分の店の商品」をリストアップしてみよう。洋服でも、靴でも、自転車でも、アクセサリーでも、ＣＤでも、本でも、酒でも、ペットでも、花でも、サーフボードでも、バイクでも、車でも、ポストカードでも、パソコンでも同じ。全ての商品には仕入先がある。さまざまな業者や問屋を回り、「自分の店」の品揃えを1つ1つ具体的にしながら、値段を調べていこう。
たとえば飲食店の場合だと、仕入れてきたモノをそのまま売るわけにはいかない。さらに1つ1つのメニューを材料ごとに分解し、リストアップしていく必要がある。

## 例えば、メニューに「スパゲティミートソース」を出す場合

必要な材料は？

① **スパゲティの「麺」**
② **ミートソース（インスタント）**
③ **パルメザンチーズ**

最低これだけは必要だね。

でもホントに最低だし、これだけだとあんまり美味しくないと思う。
「店なんだからちゃんとやれよ、つぶれるぞ」という声も聞こえてくる。

そこで…

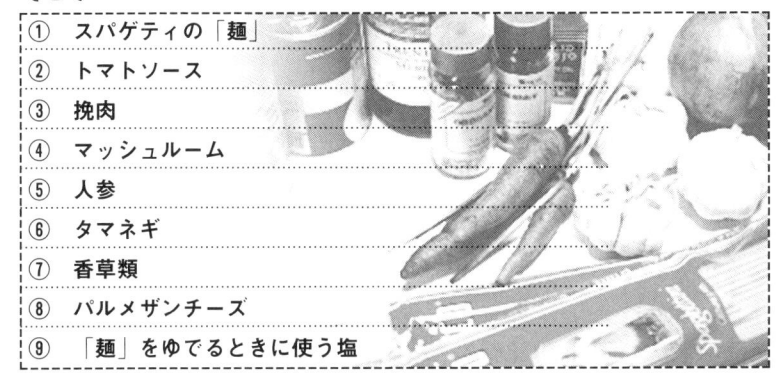

**①　スパゲティの「麺」**

**②　トマトソース**

**③　挽肉**

**④　マッシュルーム**

**⑤　人参**

**⑥　タマネギ**

**⑦　香草類**

**⑧　パルメザンチーズ**

**⑨　「麺」をゆでるときに使う塩**

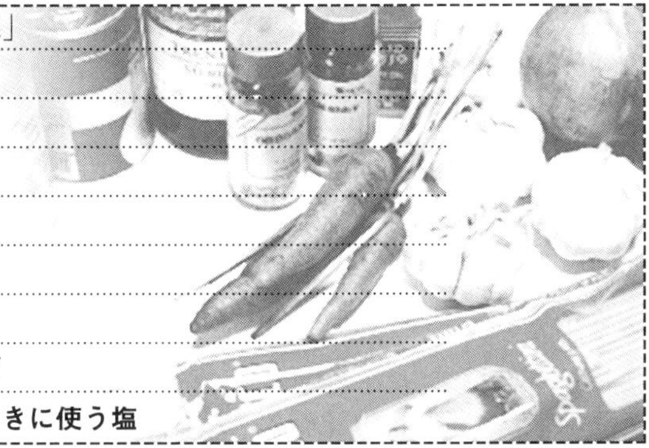

これでだいぶ「店らしく」なった。
このように、インスタントを使う場合と自分で作る場合とでは、揃える材料が違う。かかるお金も違う。どちらも「スパゲティミートソース」ではあるが、仕入に関しては大きく違ってくる。どっちがいいとは言えない。それはお店のコンセプトによって様々だ。「うちの店は踊る店だ。料理に手間ヒマかける店じゃない」と軽く流す人もいるだろうし、「うちはスパゲティ屋だ。インスタントを使ってどうするんだ」とこだわる人もいるだろう。どっちにしても、ここでは「自分の店のメニューに必要な材料」を、全てリストアップすればいいだけの話。
なるべくなら、ごく小さなものまでリストアップしておこう。そうすれば「実際に店を始めてみたら、全然お金が足りない」という事態を防げる。ちなみに客席に置く塩・コショウや、揚げ物に使う油なども仕入になるので忘れずに。

## 材料の仕入先の探し方

①友人でも、知人でも、昔のバイト先の店長でも、仕事の関係者でもいい。とにかく知ってそうな人に聞きまくる。
②仕入れたい商品に、仕入先が書いていないかをチェックする。
③実際にその商品を販売している店から、仕入先を教えてもらう。
④短期間でも、自分がやりたい店と同じタイプの店にアルバイトして、店長から仕入先だけでなく、仕入のコツなども教わる。
⑤タウンページを開き、いくつか業者をピックアップして電話する。

「今度お店を始めようと思っている者ですが、もしそちらで扱っている商品のリストや価格表などあれば、いただきたいのですが」と言ってみる。業者にしてみれば、こちらは大切なお客さんになるかもしれないから、ちゃんと丁寧に応対してくれるはずだ。
会話の中で「お店はどこ？　資料はどこに送ればいいの」と聞かれたら、「まだ仮契約の段階ですが、×月からどこどこで始める予定です。資料はとりあえず自宅へお願いします」とはっきり答えよう。これでＯＫ。商品リストと価格表を見ながら、必要なら再度、業者に電話して「サンプル」を送ってもらったりする。開業仕入の見積りは、こんな感じで進めていこう。

## 特に飲食店を始める場合の注意点

### 業者と近所のスーパーの使い分け

飲食店の仕入の場合、「専門業者＝安い」という考えは必ずしも当てはまらない。少量ならば、ディスカウント系のスーパーの方が安く買えるだろう。
また、業者のシステムは基本的に「配達」だ。うっかり材料を切らしたときには、素早く対応できないという性質もある。
そこで、業者は「使えるところだけ使う」のがベスト。揚げ油や醤油などの材料は、買い出しするには重いし、腐りやすいものではないから業者向き。冷凍食品も、保管場所さえあれば業者向き。野菜や牛乳、卵、魚、肉などの日持ちしないものは、なるべく業者を使わず、周辺で一番安い店を探した方がいい。

## 材料の値段とメニューの値段

なるべくイイ材料を使いたい。その想いは誰でも一緒だろうけど、材料費が500円かかるカレーライスを500円で売っていたら、常に満員だったとしても、その店は100%潰れる。逆に、1杯あたり材料費が100円もかからないようなブランデーを、1杯5000円で売れば、それで満員にならなくても大儲けだ。

まあこれは極端な例だが、「材料の値段」と「メニューの値段」のバランスによって店の利益は大きく変わる。そこで、メニューを決めて仕入を見積もるときに、1つだけ覚えておいてほしい「目安」がある。それは「材料費はメニューの値段の30%以内にする」ということだ。そうしないと、たとえ毎日満員になったとしても、なかなかお金が残らない。薄利多売の限界ってやつだ。1杯500円で出すカクテルは1杯あたり150円以内の酒＆ジュースで作る、1000円で出すステーキは300円以内の肉で作る、というように。あくまで大ざっぱな「目安」だが、頭に入れておいてほしい。

**最後に開業仕入の見積り総額を書いておこう。**

Write Form

**開業仕入** ¥

改装費：最後の足し算

# 「改装費」の見積り終了

お疲れさま！　これで見積りはおしまい！
最後に小学生でもできる足し算をして、終わりだ。

**これが、あなたの店の改装費（店創り費）だ。**

Write Form

| | | |
|---|---|---|
| 内装 | ¥ | ⊕ |
| 外装 | ¥ | ⊕ |
| 備品 | ¥ | ⊕ |
| 開業仕入 | ¥ | ⊕ |
| **Ⓑ改装費総計** | ¥ | ⊜ |

## C 初期運転資金（軌道に乗るまでの貯え）

店を始めたとたんに爆発的な売上！ とはなかなかいかない。もちろんそれを目指すわけだが、普通はなじみのお客さんがついて、少しずつ知名度が上がってきて、やっとプラスマイナスゼロのレベルを超え、だんだん利益が出るようになっていくもんだ。
というわけで「初期運転資金」は、開店から最初の数ヶ月を乗り超えていくために必要なお金。これも店の規模や従業員の給料額、初期赤字額の程度によってまったく変わるものだが、あえて独断的に「目安」を提示するとしたら、ズバリ「家賃の6ヶ月分」だ。それだけあれば、たとえ赤字が続いても、3ヶ月間くらいはやっていける可能性が高い。

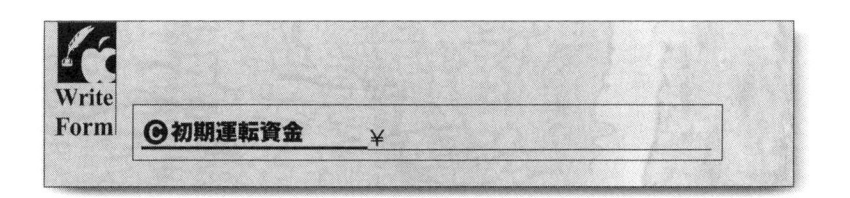

Write Form

Ⓒ初期運転資金 ¥＿＿＿＿＿＿＿＿＿＿

# さあ、集計だ！

「店舗取得費」「改装費」「初期運転資金」を合計すれば、「自分の店」を持つために必要な金額が出る。

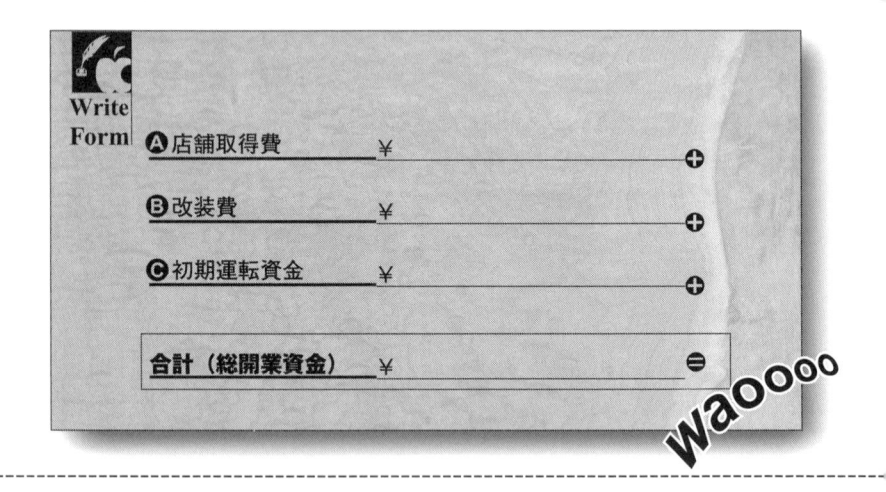

Write Form

Ⓐ店舗取得費 ¥ ＋

Ⓑ改装費 ¥ ＋

Ⓒ初期運転資金 ¥ ＋

**合計（総開業資金）** ¥ ＝

waoooo

## これで総開業資金が出た。

つまり、「あなたが描いている理想の店」を手に入れるにはいくらかかるのか？　がハッキリしたわけだ。感想はどんなもんだろう？　きっと高すぎてびっくりしている人が多いだろうと思う。

そこで、次の＜GET MONEY＞の章では、お金の集め方を考えていく。

どうしても予算がオーバーしてしまう場合は、共同で経営してくれる仲間を探すか、物件そのものを見直すか、改装費全体を見直すか、初期運転資金を削るか（つまりオープン当初から「背中に日本刀」の状態だってこと）などなど、妥協できるところは妥協するわけだが、この時点でヘコむことは全くない。「夢という理想」と「金という現実」のバランスを取りながら、

**でっかい夢を現実のカタチにしていこう！**

LEITZ
ELBA
RADO
Steuer
GO TO THE NEXT STAGE

# ACTION 3

Action 03

# GET action MONEY

## お金を手に入れる

1：計画書を創る

2：実際にお金を集める

MAKESHOP ACTION

# 1 「計画書」を創る

## 計画書はお金を集める道具

### 計画書ってナンだ？

あなたはこれまでに「俺、店やるんだ」とか「店を出すかもしれない」みたいなことを誰かに話したことがあるだろうか？　そういう話をすれば、たいていの人は「すごいねえ、頑張ってね」…みたいな反応をするだろう。もしくは「お店ができたら必ず呼んでね」なんて言ってくれるかもしれない。彼らはあなたを応援してくれている。やさしい人たちだ。

でも、そういう応援が得られない場合もある。たとえば、「店を出す」という行為そのものに偏見を持っているような人だ。あなたが「店を出す」と言った瞬間、「やめなよ、そんなに甘くないよ」なんてリアクションを返してくる。

そういうオタンチンは、ほっとけばいい。

ところが、**反対する人の中にも「ほっとけない」人がいる。**

その人は、オタンチンではなく、むしろあなたと親しい人間であることが多い。

両親や兄弟、親友といった人たち…この人たちはあなたのことを「心配」する。この先どんな人生を歩むことになるか、瞬時にシミュレーションするからだ。そして「残念な結末＝借金を抱えてドン詰まっているあなたの姿」を想像した結果、「お前、バカ言っちゃいけないよ」とやさしく諭してくれる。

特にあなたが「年頃の娘」だったら、両親は気が気じゃないだろう。そろそろ結婚して孫を産んでくれる。孫の名前は裕次郎で決まりだね。正月は親子三代でお雑煮が食える…そんな淡い期待のために、必死になって止めてくれる。

こういう人たちを無視しちゃいけない。家族や親友はあなたの「ココロの支え」になってくれる。ココロだけじゃなく、なにかと大きな支えにもなってくれる。友達を連れてきてくれたり、親戚に宣伝してくれたり、何かの集まりのときに貸し切ってくれたり…店を出す前も後も、あなたや店のことを気遣い、いつまでも応援してくれるだろう。
そして、おそらく最大のハードルとなる「開業資金集め」について、彼らからの絶大なサポートも期待できる。例えば、国の金融機関からお金を借りようとした時、お父さんが保証人になってくれれば、断然やりやすくなる。また、カンパをかき集めようと思った時、親友に本気で頭を下げれば、なけなしの貯金から援助してくれる場合もある。
**とにかく「親しい人たち」からの応援は、全力で勝ち取ろう。**
今、世の中にある多くの店もそうやってできたものなんだ。自分一人の資金力で店を始められる若者なんて、そう多くはない。
「じゃあどうすれば応援を勝ち取れるのか？」
その鍵を握っているのが、この章で紹介する「計画書」だ。すぐれた計画書があれば、あなたの計画に反対する「親しい人たち」の不安を軽くすることができる。
計画書というと難しいコトバや計算を想像し、拒絶反応を示すかもしれない。でも別にたいしたことじゃない。「自分の店が必ず成功する」という根拠を、店のコンセプトから始まり、物件の場所、内装、外装、商品・メニュー、そして資金計画などの項目別に書いていくだけだ。言い換えれば、これまでにあなたが思い描いてきたこと、調べ上げてきたことを、ただ紙にまとめればいいだけの話。やってできないことじゃない。

それからこれは、スゴイ大切なことなんだけど、**計画書にはとにかく「絶対、大成功さ！」ってことしか書かない。**
「はっきり言って、やってみないとわからないことなんです」とか「これが私としても大変不安なところではあります」みたいな不安は、心の底で思っていても、計画書に反映させちゃダメだ。
なぜかというと…

## 「計画書」を創る主な目的が、

### → 目的 ①

**人や金融機関から開業資金を借りる時に、
「最強の武器」になる。**

### → 目的 ②

**「綿密な作戦」を練っておいたほうが、
安く、素早く、カッコイイ店を創れる。**

の2点にあるから。

①についてはさっきと同じ。周りの人たちの不安を取り除き、応援してくれるように「説得」するための武器として計画書を創る。だから「わかんない」とか「私も不安」というような弱気な表現を使って、周りの人たちの不安をエスカレートさせたら意味がない。なんのための計画書かわからない。
特に、借金を考えているあなたにとって、計画書の善し悪しは相手の返答を大きく左右する。お金を貸す側は、計画がしっかりしていない（返済してもらえるかわからない）人に大金を貸さないものだ。

②について。店を始めるときに一番怖いのが、計画性のないままいきなり契約してしまうこと。つまり何の考えもなく、突っ走ってしまうことだ。
計画を立てないまま、動くのはとにかく大変。何をすればいいのかわからない、いつになったら店が始められるのかわからない。自然と焦る。パニックになる。店のデキもひどいもんになる…。計画書を書けば、そのパニックを完全に防げる。なぜなら、計画書には「あなたの計画」が書かれているんだもの。計画書ができ上がれば、開店の準備がちゃんと整った、と

いうことになるわけだ。
「計画を練るだけで何にもしない」くらいなら、無計画でも突っ走ってしまった方が全然いいけど、「綿密な作戦を立てたうえで突っ走る」っていうのが最高でしょ。
計画書ってどんなモノか、だいたいつかめただろうか？
では、あなたを心配してくれる人たちのために、店を始める資金のために、そしてまだ計画がボンヤリとしている自分自身ために、これから計画書を書いていこう。

## HOW TO READ

「1 計画書を創る」のパートは**<サンプル>**と**<解説>**によって進められる。

**<サンプル>**は、もし『レストランバー・アベシパーク』という架空の店を始めるとしたら、計画書はこうなるよ、っていう「計画書の見本」だ。
**<解説>**では、「自分の店の場合はどう書けばいいのか」を項目別に説明している。この2つを参考にしながら、それぞれ「自分の店」のスタイルに合った計画書を創っていこう。

Sample　PAGE.0

## 表紙

abc
PARK
RESTAURANT & BAR

レストランバー

# アベシパーク

abcPARK

# 開店計画書

平成15年某月某日作成

太郎＆花子

**CONTENTS**（目次）


| | |
|---|---|
| コンセプト | *Page1* |
| 出店予定地 | *Page2* |
| 開業資金内訳 | *Page3-4* |
| 売上ビジョン | *Page5* |
| 利益ビジョン | *Page6* |
| 返済保証 | *Page7* |
| 展望 | *Page8* |

計画書を創る：解説　PAGE.0

# 表紙

まずは表紙。ここは気張らずにサラッと仕上げよう。

## → POINT

### 最低限書くべきモノ

☑ 店名

☑「開店計画書」という文字

☑ 作成者の名前

☑ 作成日

☑ 目次

**見やすくレイアウトされていればそれでＯＫ。**

Sample　PAGE.1

# コンセプト

abc
PARK
RESTAURANT & BAR

## CONCEPT

### コンセプト

レストランバー『アベシパーク』は、多国籍料理と世界各国のお酒を提供する多目的飲食店です。20代から30代前半のＯＬをメインターゲットとして、その世代に親しまれやすい「リーズナブルでありながら、オシャレに飲み食いできる」店を目指します。

ドリンクメニューは、酒類とソフトドリンク類を合わせて約100種類用意します。酒は醸造酒、蒸留酒問わず世界各国のものを取り揃えますが、中心となるのは特に若い女性に人気が高いフルーツ系のリキュールです。価格帯は一杯の量を少なくするかわりに、値段をすべて700円以下の安価におさえます。低予算で色んな種類のお酒を楽しんでもらうのが狙いです。

フードメニューは、どんなお客様の口にも柔軟に対応できるように、あえて特定のジャンルにこだわらず、多種多様な料理を提供します。料理のボリュームも、お酒のつまみ程度の軽食から、ハンバーガー、パスタ、セットメニューなどの主食までバリエーション豊富にご用意。お客様のお腹のコンディションを選びません。

店の内装は、壁、フロア、天井などの全てを「むき出しのコンクリート」で統一し、まるで核戦争後の廃墟のような空間に仕上げます。無機質でひんやりとしたコンクリートに囲まれることによって、一風変わったリラックス感を味わうことができます。照明の設定は暗め、BGMは大きめです。またストロボを点滅させる、スモークを焚くなどの趣向も凝らし、ちょっとしたテーマパークのような楽しさも演出します。

ちなみに『アベシパーク』の“アベシ”とは、『北斗の拳』（集英社『少年ジャンプ』に連載されていた人気格闘漫画）の主人公であるケンシロウに秘孔を突かれた人間が発する断末魔の声です。命名にあたっては「終末的」「破壊的」な意味を込めました。一方で“アベシ”には英語の「ＡＢＣ＝全ての始まり」という意味も含まれています。
破壊、そして、全ての始まり。
店に来たお客様が今日までの煩わしい日常を破壊し、新しい明日を新鮮な気持ちで始められる、そんなお店にしたいという気持ちから、店名『アベシパーク』という発想が生まれました。

ここまでが、このお店のコンセプトです。

以下「アベシパーク」の開店計画をまとめましたので、御一読ください。

1

計画書を創る：解説　PAGE.1

# コンセプト

ここでは「ああ、こういう店をやりたいんだな」と、読み手に認識してもらうことが第一目的だ。全体像をダラダラ語ってもしょうがない。短い文章の中に上手にまとめ、読み手が「自分の店」をイメージしやすいような書き方をしよう。ポイントは次の通り。

**→ POINT**

## 「店のタイプ」について

喫茶店、イタリア料理屋、雑貨屋、本屋、ＣＤショップ、バイク屋、サーフショップ、ペットショップ、花屋、パン屋、ケーキ屋…などなど、ひと言で「何屋」と表せる店なら問題ない。それを書いておこう。
好きなモノをいろいろ売るので、ひと言で「何屋」と表せない場合は、相手に伝わりやすいように「何屋と何屋の複合ショップです」的な書き方をしよう。
ちなみにサンプルでは、書き出しで「レストランバー」と宣言している。

**→ POINT**

## 「商品」について

すべての商品を細かく説明する必要はないが、少なくとも「メイン商品」については具体的に書こう。例えばラーメン屋の場合、漠然と「ラーメン」とは書かず「こってり博多ラーメン」という感じで書く。たったこれだけの違いでも、読む人にしてみれば、頭の中に見えてくるイメージが全然クリアになる。

→ POINT

## 「客層」について

さらに、狙いの客層を書くことで、一段とイメージがハッキリする。客層というのは、「自分の店」を利用するお客さんの中で、「よく来そうなタイプの人たち」のことだ。主にＯＬ、主にサラリーマン、主に学生というように、その人たちの職種で分けてもいいし、主に20代、主に30代、主に40代…というように年齢で分けてもＯＫ。店のコンセプトからつなげる場合、「バイカーズ・バー」なら、バイク好きの人たちが集まる店。当然だがそれも書いておく。

→ POINT

## 「内装」について

「喫茶店」と、「レンガ造りの喫茶店」では、見えるイメージが違うように、内装は店の雰囲気を創り出している。サンプルでは石を使った内装にすることと、その効果について説明した。計画書の中では、照明、音楽なども内装に含まれる。音楽にこだわった店ならば、ＢＧＭについて詳しく書くといいだろう。

→ POINT

## 各項目をつなげてみよう

これで、主なコマは集まった。あとはコマを上手く配置して、整える作業になる。ひとつの文章としてつなげていくために、項目には無い内容を書き足しても、もちろんかまわない。ただ、これから各項目ごとに詳しく書くので、あまり「コンセプト」の項目で詳しく、長々と説明する必要もない。
計画書に「コンセプト」を書く目的は、読んだ人に「ああ、こんな店をやりたいんだな」と、何となくイメージしてもらうことだからね。

Sample PAGE.2

# 出店予定地

abc PARK RESTAURANT & BAR SPACE

## 出店予定地

出店を予定している物件は、東京武蔵野市の吉祥寺にあります。吉祥寺という街には、オフィス街、ショッピング街という二つの側面があり、またいくつかの学校もあります。仕事のため、学校のため、買い物のため、デートのため、必然的に多くの若者がその街を訪れています。その流れに伴い、20代～30代をターゲットにした店舗も数多く密集しています。『アベシパーク』の立地としても、大変適した街だと考えられます。

## 物件決定の理由

### 場所

吉祥寺という土地柄。駅から3分、ビルの2階、商店街と隣接という好立地。

### 条件

20坪の広さ。飲食店（同業種）の居抜きであるため、製氷器・冷蔵庫・冷凍庫・カウンター・コールドテーブルなどの高額設備が残っており、大がかりな工事を必要としない。そのため、改装費を大幅に節約できる。

計画書を創る：解説　PAGE.2

# 出店予定地

計画書には、物件や立地についての説明が不可欠だ。また、その場所を選んだ理由も書かなきゃいけない。ここでは、あなたの物件について「計画書っぽく」伝える方法を紹介しよう。

まずは、物件を選んだときのキモチを思い返し、その「場所」と「条件」について分けて考えてみる。

「場所」については、いかに「この立地が素晴らしい！」かを書く。「条件」についてはいかに「いい条件で借りることが出来た！」かを書く。いたってシンプル。

**→ POINT**

## 「場所」を上手に表現する

①そこは、どんな土地？＝「オフィス街」「飲食店街」「住宅街」など。

②そこには、どんな人がいる？＝「自分の店」のメインとなる客層。

③その人たちはなぜそこにいるの？＝「買い物に来ているから」「街全体が飲み屋街だから」「近くに大学があるから」など。

④アクセスは？＝「駅から3分」「社員寮の1階部分」など。

**→ POINT**

## 「条件」を上手に表現する

①店の広さ＝坪数、客席数など。

②残っている設備

飲食店を例にした場合の設備とは、ガス管、給排水設備、空調設備、冷蔵庫、冷凍庫、製氷器、照明設備、カウンター、客席などを指す。

「買うと高価なもの」が残っていれば、絶対に書いておいた方がいい。「ラッキーな物件を見つけたね」ということになる。

以上が「物件について」計画書に書くために必要なコマ。
あなたの物件の場所は「どこにあるか」「そこはどんな土地であるか」「その土地には、狙った客層がどれくらいいるか」「そこへはどうやって行くか」。そして条件には「物件の大きさはどれくらいか」「残っている設備は何か」。これらが揃っていれば、読む人にも大体「どんな物件なのか」がイメージできるだろう。中でも一番、力を入れてアピールしたいのは「その土地には、狙った客層がたくさんいる」ということ。計画書を読む人は、「本当にお客が来るのかどうか」ということを一番心配しているからね。
また、その土地を知らない人のためにも「電車の路線案内図」「物件周辺の地図」も加えたほうがいい（サンプルでは省略しているが）。特に「物件周辺の地図」では、どれくらい立地がいいのかをアピールしたい。人を集める建物、ランドマークとなる建物（デパート、遊園地、観光名物など）と、それぞれのアクセス方法は、欠かさず補足しておこう。「土地の特徴」と「自分の店」の相性の良さは、ビジュアルでも伝えられるんだ。

Sample　PAGE.3

# 開業資金内訳 ①

abc PARK RESTAURANT & BAR funds

## 『アベシパーク』開業資金内訳①

以下を『アベシパーク』総開業資金とします。

| | |
|---|---|
| 店舗取得費 | ¥3,750,000 |
| 改装費 | ¥1,543,000 |
| 開業仕入費 | ¥　345,000 |
| 初期運転資金 | ¥1,000,000 |

**アベシパーク開業資金　¥6,638,000**

### 店舗取得費の詳細

| | |
|---|---|
| 保証金 | ¥3,000,000（償却年10%） |
| 仲介手数料 | ¥　360,000 |
| 当月分家賃 | ¥　390,000（共益費、看板料含む） |
| 礼金 | なし |

**店舗取得費計　¥3,750,000**

### 改装費の詳細

**①内装費　¥678,000**

コンクリートの打ちっ放しに、むき出しの配管を張り巡らせます。
また、カウンターの背面には金庫のような巨大冷蔵庫のオブジェを設置し、そこをライトアップします。

| | |
|---|---|
| 大テーブル | ¥110,000 |
| イス（10脚） | ¥ 90,000（居抜き物件のため、使えるイスが20脚残っています） |
| 音響設備費 | ¥ 65,000 |
| 照明設備費 | ¥100,000 |
| バックバー製作費 | ¥234,000 |
| 装飾用小物 | ¥ 64,000 |
| ユニフォーム | ¥ 15,000 |

**②外装費　¥123,000**

予定している物件はビルの２階です。
改装する箇所は、袖看板・新たに製作する看板・購入するケンシロウ人形です。
（ケンシロウとは、コンセプト発想の基となったアニメ『北斗の拳』の主人公です）

| | |
|---|---|
| 袖看板製作費 | ¥100,000 |
| 看板製作費 | ¥ 20,000（材料費含む） |
| ケンシロウ人形 | ¥　3,000 |

3

Sample　PAGE.4

# 開業資金内訳 ②

abc PARK RESTAURANT & BAR

## funds

### 『アベシパーク』開業資金内訳②

#### 改装費の詳細のつづき

**③工事費　¥234,000**

改装の際に必要となる工事は、壁の取付と、外装の袖看板取付です。

| | | |
|---|---|---|
| 壁面工事費 | ¥134,000 | （コンクリートの材料費、輸送費含む） |
| 袖看板取付 | ¥100,000 | |

**④備品費　¥508,000**

**＜高額備品費＞　¥250,000**

予定している物件は同業種の居抜きのため、かなりの備品が使用可能な状態で残っています。

開店に伴い、新たに買い足す物とリースする物は以下の通りです。

| | | |
|---|---|---|
| ガス台１台 | ¥210,000 | |
| 製氷器１台 | ¥ 40,000 | （リース契約料・2ヶ月分） |

**＜消耗備品費＞　¥258,000**

店舗運営に必要な消耗品（皿、グラス、雑貨類）を、消耗備品費とします。

| | | |
|---|---|---|
| 皿類 | ¥ 40,000 | （大小各35枚） |
| グラス | ¥ 65,000 | （80個） |
| 厨房用品 | ¥ 79,000 | （ナベ・フライパン等） |
| 清掃用具 | ¥ 7,000 | |
| レジスター | ¥ 32,000 | |
| 事務用品 | ¥ 20,000 | （帳簿・筆記用具・会計票他） |
| その他雑貨 | ¥ 15,000 | （ダスター等） |

以上①～④の4点を改装費とします。

**改装費総計　¥1,543,000**

#### 開業仕入費の詳細

『アベシパーク』で予定しているメニューの、主な材料の仕入先は以下の通りです。

・御フランス商店（食材）・トンキチ商店（酒・ジュース）・スーパートルネード（野菜類）

**開業仕入費総計　¥345,000**

#### 初期運転資金の詳細

開業当初の運転資金として、家賃の約3ヶ月分である¥1,000,000を確保し、より安全な経営を目指します。

**初期運転資金総計　¥1,000,000**

4

計画書を創る：解説　PAGE.3

# 開業資金内訳 ①

「あなたに貸してもらうお金は、このように使う予定になっています」ということを伝えるために、「開業資金内訳＝お金の使い道」を計画書で明らかにする。

**→ POINT**

## 開業資金の内訳

＜ＲＥＳＥＡＲＣＨ＞の章で計算した「開業資金の内容」を、大きくハッキリと書いておこう。ここで「自分の店は最終的にいくらで開業できるのか」を単刀直入に伝える。

**→ POINT**

## 店舗取得費の詳細

ここも、＜ＲＥＳＥＡＲＣＨ＞で書いたことをそのまま写せばＯＫ。

**→ POINT**

## 改装費の詳細

この項目は、調べるのには大変な苦労をしたね。でも計画書には、そのすべてを書き写す必要は無いんだ。「アイキャッチャーはＡ商店からいくらで買って、壁を塗るペンキはＢ工務店からいくらで買って…」こんなふうに書いていったら、キリがない。

計画書にいちいち細かな解説はいらない。「見積りの合計金額」と「大まかな内訳」さえ書いてあれば大丈夫。

### ①内装費

まず、計画書に書くコマを揃えよう。

❶内装のコンセプトを一言で言うと、なに風？＝「カントリー風」「ログハウス風」など。

❷店の内装のポイントは？＝「全面鏡張りにする」「絵を飾る」など。音楽、照明、店員の服装なども、特徴があればそれも書く。

❸内装費の合計はいくら？＝￥

❹大まかな内訳は？＝特にお金がかかる部分であり、自分のこだわりのある部分にスポットをあてる。

以上でコマは揃う。

1ページの「コンセプト」とダブるところもあるが、何度書いてもバチが当たるわけではないので、しっかり書いておこう。

### ②外装費

次に、外装費。これは、建物の管理者や大家さんの方針によって、かなり制限が出てくるところ。でも計画書にわざわざ「うちの物件の大家はケチなので、あまり派手な看板が出せないのです」なんてバカ正直に書く必要はない。読む人を不安にさせるだけだ。

ここで必要なコマは、主に「何にお金をかけるか」ということ。

❶外装費合計＝￥

❷外装のポイントは？＝アイキャッチャー、外にかける音楽、照明など。

計画書を創る：解説　PAGE.4

# 開業資金内訳 ②

③工事費

自分の手でできる改装作業には、工事費がかからない。一方で、配管工事やビルの壁面の看板取付工事など、プロの手が必要な改装作業には工事費がかかる。
では、前章で取った見積りの結果をここに書いておこう。
❶工事の内訳＝￥
❷工事費合計＝￥

④備品費

備品費には、見積りを取った「高額備品」と「消耗備品」の二通りを書く。さきに「高額備品」の方から、まとめてみよう。

❶高額備品

この高額備品は、新たに手に入れる必要がある場合と、ない場合がある。必要がある場合は、「買って自分のモノにする」か「リースで借りる」かに分かれる。いずれにしても、必要な高額備品は全てリストアップし、それぞれの金額と入手方法を書いておく。理由は書かなくていい。シンプルにまとめよう。
必要ない場合は「高額備品は全て物件に揃っているため、新たに購入する必要はありません」とハッキリ書いておく。

❷消耗備品

こちらは種類が多く、買う数も多く、そして安いものが多い。全てを書いていたら、時間がとっても無駄。サンプル用として簡単にまとめる程度で。
❶と❷を足せば、「備品費」はおしまいだ。

### 「改装費」をシメる！

さて、これで改装費の見積りは済んだので、シメとして改装費の総計を書いておこう。

改装費の総計　　　¥

①内装費＋②外装費＋③工事費＋④備品費

**→ POINT**

## 開業仕入費の詳細

＜ＲＥＳＥＡＲＣＨ＞では改装費を含めたが、計画書に書くときは別にする。その方が読む人にとって、わかりやすいからだ。
開業仕入の見積りの結果を、「肉はスーパー日の丸から…」とか「米はエノモト米店から…」なんて具合に書いていたら、無駄な文字だらけになってしまう。ここでは「開業仕入総費用」をいきなり示し、「仕入先」だけをつけ足そう。
要するに「ちゃんと見積りが取れていて、仕入先も決まっているんです。しっかりしてるでしょう？」ということさえ、伝わればいいんだ。

**→ POINT**

## 初期運転資金の詳細

サンプルを元に、自分なりの数字と簡単な文章を添える。それだけ。

最初からここまでは、簡単に言っちゃうと「集めたお金をどんな風に使おうとしているのか」を提示してきたわけ。もっと簡単に言っちゃうと「これだけのお金が必要なんです！」と宣言したわけだ。
ここからは「自分はこんな風に店を経営していきます」、つまり「絶対繁盛するから貸してくれたお金は返せますよ！　心配なーい」ということにテーマが変わる。
今までの「どうすれば店を出せるか？」と同じように、「店を出した後、どうなるか？」を数字を使って証明していくんだ。
というわけで、ここからは未来のことだから「予想＝シミュレーション」になる。

「1ヵ月間、店を続けていくために最低限必要な金額＝ランニングコスト」はどれくらいかかるか。そして「自分の店」は1ヵ月あたりどれくらいの売上が見込めるか。
ランニングコストが明らかになったら、それを売上見込みと比べてみる。
黒字か？　赤字か？　そこで「利益計算」っていうヤツが登場する。

Sample PAGE.5

# 売上ビジョン

abc PARK RESTAURANT & BAR

vision

## 売上ビジョン

### ①客単価

レストランバー『アベシパーク』のメニュー構成から客単価を予想。

**食事を目的とする客の場合**

**例1**

テーブルチャージ ¥500
ドリンク 2杯 ¥1,000
フード 2品 ¥1,500

**例2**

テーブルチャージ ¥500
ドリンク 1杯 ¥600
フード 1品 ¥800
つまみ 1品 ¥500

**お酒を目的とする客の場合**

**例3**

テーブルチャージ ¥500
ドリンク 3杯 ¥2,000
つまみ 2品 ¥1,200

**例4**

テーブルチャージ ¥500
ドリンク 4杯 ¥2,400

**見込み客単価平均 ¥3,000**

### ②入客数

『アベシパーク』の客席数は30席で、1日1回転すると想定します。

**見込み入客数平均 30人／1営業日**

以上の客単価と入客数の平均値は、一般的な「レストランバー」数十店から集めた情報を参考にしています。
もちろん、この数字はお客さんのタイプ、または天候、曜日などの条件によって多少前後しますが、
長期間の平均値を取ると、ほぼこの数字に収束すると考えられます。

### ③営業日数

『アベシパーク』は毎週火曜日を定休日とします。

**1ヶ月の営業日数は約25日です。**

以上①②③から１ヶ月の売上を予測すると、

**¥3,000×30人×25日＝¥2,250,000**

となります。

計画書を創る：解説　PAGE.5

# 売上ビジョン

売上とは「自分の店」にある商品に対して、お客さんが支払ってくれるお金のことだ。
もちろん、売上の数字はデカイ方がいい。できることなら、相手を安心させるために天文学的な数字を見せたいところ。でも何の根拠もなく、ろくな計算もせず、ただの思いつきを計算書に書いても相手にバカにされるだけだ。客単価、入客数、営業日数という数字の根拠をもとに、「自分の店」の売上を計画している、ということが読み手にしっかり伝わるように書く。適当に考えた数字ではないということを、しっかりわかってもらうわけだ。
では、次の計算式を使って、売上ビジョンを立てよう。

**【売り上げビジョン計算式】**

売上＝客単価×入客数×営業日数

**→ POINT**

## 客単価ってなんだ？

「客単価」というコトバを聞いたことがあるだろうか？　これは、お客さん一人が「自分の店」に支払う平均金額のことだ。
例として…居酒屋へ飲みに行った時のことを考えてみる。
居酒屋だと、普通に食べて飲んで、客単価（お会計1人当たり）だいたい¥3000。ちょっとお洒落なバーあたりだと、客単価¥4000くらいになるだろう。これが銀座の高級クラブとなると、それは大変、ウン万円はくだらないだろう。
「普通に食べて、普通に飲む」同じ飲食店でありながら、支払う金額は店のタイプによって大きく違ってくる。これが「客単価の違い」っていうわけだ。
そして、その違いを生んでいるのが、それぞれのお店の「メニュー」。
居酒屋もバーも高級クラブも、どこもビールは置いているだろう。でも値段が違う。居酒屋で¥350円だったのが、バーだと¥600になり、高級クラブだと「おいおーい！」と叫びたくなるような値段になる。その違いがそのまま客単価の違いになる。
「自分の店」のメニューは、客単価いくらになるだろうか。「自分の店」のお客さんになったつもりで考えてみてほしい。「そりゃいろんなお客さんがいるだろうけど、うちの店ならビール2杯と料理2品を注文するのが妥当だろうな。ビール¥500、料理¥800が平均だから、¥500×2＋¥800×2＝¥2600あたりが平均客単価だろうな」みたいな感じで。
さあ、ここまでやってきた「お会計」の経験をいかして、「自分の店」の平均的なお買い物額を設定しよう。

**→ POINT**

## 入客数ってなんだ？

「入客数」というのは、文字どおり「お店に来るお客さんの数」のことだ。ここでは「1日あたり、何人のお客さんが来るか」を考える。「こうなればいいなあ」という目標ではなく、自分の店の立地、コンセプト、営業時間など、さまざまな条件から考えて「これくらいの人数は来させる自信がある」という堅実な数字を書こう。これまでの仕事上の経験を参考にしてもいいし、コンセプトが似ている他の店をスパイしにいくのもいい。とにかくできる限りの「根拠」を探してほしい。

**→ POINT**

## 営業日数ってなんだ？

オーナーは自分だ。わざわざ調べたりしなくても、営業日数は自分の一声で決まる。週に1日休みにするとか、2週間に1回休みにするとか、すべて自分のテンションしだい。
「週末しかオープンしねえぞ」っていうのも、それで黒字になるなら、ありはあり。
定休日の数を決めたら、1ヶ月である「30日」から引いてみよう。

以上「客単価」「入客数」「営業日数」の3つの数字から、「自分の店」の売上ビジョンが立つ。さあ、実際に計算してみよう。

**【（店名『　　　　　　　　』）の想定する予想売上】**

客単価は、 ………………………… 円だ！ ×
1日の予想入客数は、 ………………………… 人だ！ ×
1ヶ月の営業日数は、 ………………………… 日だ！ ×

というわけで、

**1ヶ月の予想売上は ………………………… 円だ！**

売上＝客単価×入客数×営業日数

## 飲食店以外の店をやりたい人へ

**→ POINT**

### 客単価

飲食店みたいな「入店すれば必ず客がお金を使う店」の客単価は比較的予想しやすいが、バイク屋、雑貨屋、ＣＤショップ、ペットショップみたいに「見てるだけ」の客がわんさかいるタイプの店は、客単価を予想しにくい。

そこで、

①まず「買う人」と「見てるだけの人」との割合を予想してみる。

→　それが５対５の割合だったとする。

②次に「買う人」についての客単価（＝１人あたりが使うお金の平均）を予想する。

→　それが¥3,000だったとする。

③こうして「2人に1人は¥3,000を使う」という予想さえできれば、全体の客単価もでてくる。

→　¥3,000÷2人＝¥1,500

**→ POINT**

## 入客数

特に、飲食店と違う考え方をする必要はない。

**→ POINT**

## 営業日数

特に、飲食店と違う考え方をする必要はない。

Sample PAGE.6

# 利益ビジョン

abc PARK RESTAURANT & BAR

vision

## 利益ビジョン

### ランニングコスト

レストランバー『アベシパーク』のメニュー構成から客単価を予想。

| | |
|---|---|
| 家賃 | ¥390,000（共益費、看板料含む） |
| 材料費（仕入） | ¥562,500（売上225万円：平均原価率25%） |
| 人件費 | ¥430,000（店主、アルバイト常時2名） |
| 水道光熱費 | ¥100,000 |
| 消耗品費 | ¥100,000 |
| 借入金返済 | ¥280,000 |
| 営業外費用（雑費） | ¥ 50,000 |
| その他 | ¥ 20,000（製氷器リース） |

**ランニングコスト計　¥1,932,500**

### 従業員給与について

アルバイトを3人在籍させます。1人は調理係、残り2人は交代制で出勤させ、どちらもホール係とします。店舗運営は、自分（カウンター業務）と調理係、ホール係の計3人体制となります。

基本的な労働条件は、時給¥800で1日7時間。2人のアルバイトをフルタイムで使った場合、1日あたりの経費は¥11,200、1ヶ月（25日）あたり¥280,000です。それに店主である自分の月給¥150,000を足して計上しました。

### 消耗品費について

消耗品は、主にコースターやマッチ、灰皿、グラスなどが該当します。ここにはまた、通信費、事務用品費なども含めて計算しています。開業初期はいろいろと買い足すものが多いので、金額の設定に余裕を持たせました。消耗品費は、店舗運営が安定していくにつれて、下がっていくと思われます。

### 営業外費用について

営業外費用は、ゴミの引き取り代金、銀行の手数料など、店の営業とは直接関係のない出費です。これも消耗品費と同様に、設定にかなりの余裕を持たせているので、開業時の広告宣伝費と相殺できると思われます。

### 利益計算

売上からランニングコストを差し引いた金額を、この計画書では利益とします。

¥2,250,000（売上）ー¥1,932,500（ランニングコスト）

**＝¥317,500（利益）**

6

計画書を創る：解説　PAGE.6

# 利益ビジョン

ここまでの計算で「売上」のビジョンが完成した。

でも、それだけじゃ足りない。

お金を貸す人は単純に「いくら売れるのか」だけじゃなく、そのもう一歩先を知りたがっているんだ。それは「最終的にいくら儲かるのか」、つまり「貸した金を返せるだけの利益が出るのか」ということだ。

そこで、さっきの売上をもとに今度は「利益」を計算してみよう。「利益」とは完全に自由に使えるお金であり、売上からあらゆる経費を差っぴいた後に残る「儲け」だ。

何も難しくはない。ときどき「利益と一口に言っても、粗利益、営業利益、経常利益といろいろあってなあ」なんて小難しいことを言う人がいるけど、そんなのはシカト。もっとシンプルで実用的に考えていい。

さっき完成させた「売上」から、「お店を継続させるための支払い＝ランニングコスト」さえ引けば、そこで出た数字がそのまま「利益」になるわけ。

**【利益ビジョン計算式】**

売上－ランニングコスト　＝利益
（家賃＋材料費＋人件費＋水道光熱費＋消耗品費＋借入金返済＋雑費）

## ランニングコスト

**→ POINT**

### 家賃ってなんだ？

クドいようだけど、店を借りる家賃のこと。毎月、大家さんに納めるもの。共益費や看板料があれば、それも加えてほしい。

**→ POINT**

## 材料費ってなんだ？

商品はお客さんに売れば無くなってしまう。また材料や商品を補充しなきゃいけない。そこにかかる仕入のコストのこと。

売上が伸びた月は、それだけ材料や商品が減るから、仕入にもお金がかかる。逆に、残念ながら売上が伸びなかった月は、仕入が少なくなる。

この誤差を調整するためには、「売上に対する材料費の割合＝原価率」を求める必要がある。

例えば、500円で売るラーメンの材料費が100円だったとすると、原価率は20％だ。同様にして、メニュー1品1品の原価率を求める。最後に原価率の平均を出す。

**【原価率計算式】**

材料費……………÷商品価格……………×100＝……………原価率（％）

**【ラーメン5品目を出すお店の場合】**

ラーメン　　　　（500円）…材料費（100円）＝原価率20％
味噌ラーメン　　（600円）…材料費（150円）＝原価率25％
塩ラーメン　　　（600円）…材料費（120円）＝原価率20％
ネギラーメン　　（600円）…材料費（132円）＝原価率22％
チャーシューメン（700円）…材料費（175円）＝原価率25％
（20％＋25％＋20％＋22％＋25％）÷５品目　＝平均原価率22.4％

そしてこの「原価率」に、先に出した「予想売上」を掛けて、材料費を出そう。

**【材料費計算式】**

予想売上……………÷原価率……………＝材料費……………

これでＯＫ。

**※参考（業種にもよるので、あくまで参考）**
飲食店でいう「原価率」は、一般的に「30％以下が望ましい」と言われている。その数字を極端にオーバーしていたら、サービスしすぎ。「あの店、いい店だぜ！」と評判になるかもしれないが、その店はやがて潰れていく。売値を上げるか、材料費を落とす必要がある。逆に、原価率が5％を切っていたりすると、「ボッタクリ」のレッテルを貼られる恐れがあり、こちらもほっとけば潰れる。
要するに「安い材料をどれだけ高そうに見せるか」、そこに商売センスが問われる。

→ POINT

## 人件費ってなんだ？

自分を含めた「お店で働く人」に払う給料。「あなた１人でキリモリ」というスタイルじゃないかぎり、お金を払って誰か人を雇う必要がある。社員なら給料を、アルバイトなら時給と働いてもらう時間を決めて、1ヶ月あたりのコストを考えよう。もちろん、恋人や友人など、ボランティアで働いてもらう場合は例外。

→ POINT

## 水道光熱費ってなんだ？

水道、電気、ガスのこと。特に、夏や冬のようにエアコンを多用する季節は高くつく。1ヶ月ごとに使用量が変わるものなので、ここには年間の平均値を書こう。
年間の平均値については、不動産屋に問い合わせればいい。「事業計画を立てる上で必要なので、1年間の水道光熱費の目安を教えていただけませんか」。
業種や店の広さ、営業時間の長さによっても変化するのでそれも考慮に入れる。

**→ POINT**

## 消耗品費ってなんだ？

日々、お店から無くなったり減っていくモノ。石けん、トイレットペーパー、洗剤、電球、ゴミ袋、事業系ごみ有料シール券、コースターなどが代表的だ。また、皿やグラスなどの壊れやすいモノも消耗品に含まれる。要するに「ちょくちょく必要になって、買い出しに行くモノ」だと思ってもらえばいい。開業初期はたいてい足りないモノが多いから、月に5万円〜10万円くらいを目安にしよう。

**→ POINT**

## 借入金返済ってなんだ？

もちろん、借りたお金を返すこと。当然だけど、借りたお金は毎月分割して返すことになる。つまりクレジットの支払いのようなものだ。この「借入金返済」は、自分の給料や家賃など他の何よりも、最優先に確保しなければいけない。全く保証の無い自分に、貴重なお金を貸してくれた心ある人たちだからね。裏切ることは絶対に許されないんだ。
月々の返済額は、必ず計画の段階からキープしておこう。
返済方法は、資金の借り方によって大きく変わってくる。例えば、金融機関からお金を借りた人は「5年〜10年くらいの長期で少しずつ返済してほしい」と言われるだろう。友人、知人から借りた人は「一年以内で返してほしい」もしくは「必要になったらすぐ返してほしい」と言われるはずだ。親戚だったら「期限ナシの出世払いでいい」と言ってくれるかもしれない。
ここでは「2年間で全額返済＝24回払い」を目安にしてみた。
『アベシパーク』の借入金総額が672万円だったとすると、
672万円÷24回＝28万円
が、月々の借入金返済になる。
もちろん利子が付く場合は、それも忘れずに返済額に加える。

**→ POINT**

## 雑費ってなんだ？

商売とは直接関係ないが、いずれ必要になってくるお金のこと。ゴミの引き取り代金、コピー、銀行の振込手数料などがそれに当てはまる。現時点では金額を予想しにくいので、ある程度を余裕を持って「数万円」に設定しておこう。

**→ POINT**

## その他

業種によっては、他にも特別な出費があるだろう。その場合は新たに項目を設けてほしい。宅配をやる場合は、クルマの維持費やガソリン代、自動車保険料などがかかる。

広告を出す場合、海外へ商品の買い付けに行く場合、大事な人を接待する場合…などなど「自分の店」についてよく考えてみる。

冷蔵庫、カラオケ機材、ショーケースなど、買わずに借りて済ますモノがあれば、そのリース料も加えておく。

「自分の店」の予想数字を入れてみよう。

**【（店名『　　　　　　　　　　』）の想定する利益】**

売上 ……………… －（家賃 ……………… ＋材料費 ……………… ＋

人件費 ……………… ＋水道光熱費 ……………… ＋消耗品 ……………… ＋

借入金返済 ……………… ＋雑費 ……………… ）＝

利益 ………………………………

## さて、満足のいく利益が出ただろうか？

ＯＫだった人は、計画が順調。おめでとう。

赤字だった人は、ちょっとキケンだ。計画書に「よく計算した結果、残念ながら赤字が出てしまう予定です」なんてそのまま書いたら、誰もお金を貸してくれないだろう。

でも、別にビビることはない。「自分の店」はまだ始まってないんだから。じゃ、とりあえず赤字の原因を探ってみようか。

**【赤字の原因　その1】**

家賃が高すぎない？　相場よりも高めの物件を借りようとしてない？　家賃が高いわりに、ちょっと条件が悪いのかもしれない。

**【赤字の原因　その2】**

仕入にかけるお金が高すぎない？　商品やメニューが安すぎない？　あくまで目安だけど、飲食店の場合、材料費は売上の30％以下が望ましい。一等地のショットバーなのに、値段が居酒屋並だったら店はまたたく間に潰れる。「良心的な店」ばかりを目指して、利益が出なかったらただのオヒトヨシだ。もう少し厳しい目で、価格設定をやり直してみてほしい。

**【赤字の原因　その3】**

人件費が高すぎない？　自分の給料を高く設定しすぎてない？　自分の給料は「生活できる限界レベルの金額」にしておこう。店が軌道に乗って利益が上がったら、それを自分の給料に上乗せすればいいんだから。従業員の給料も抑えた方がいい。「儲かったらアップする」という約束をして、最初はなるべく安い賃金で働いてもらうように交渉する。

要は、バランスだ。「売上と材料費の割合」と「お店にかかるコストの全て」がうまく絡み合わないと、「自分の店」に一定の利益は生まれない。計画書に赤字が出てしまった人は、各項目をちょっとずつ調整してみよう。

計画書の目的はシンプルだ。「利益が生まれる根拠」さえ、相手にしっかり伝えられればいい。ランニングコストがいくら高くても、それを上回る「売上」が出れば問題ない。
ただ計画書の中でも、不安を感じるものもある。「予想売上」や「入客数」などは、特にそうだ。同業種の店に長く勤めたことがある人ならば、ある程度肌で分かるかもしれないが、未経験の人にとっては自分の予想を信じ切れないだろう。そこを突っ込まれたら、ちょっと苦しい。「ねえ、なんでこれだけお客さんが来るって言えるの？」なんて聞かれたらどうしよう。
というわけで、次は「最悪の事態」を想定して、それでも返済可能なことを保証する。

Sample　PAGE.7

## 返済保証

abc
PARK
RESTAURANT & BAR

## payment

### 返済保証

前ページの式を応用して、売上が予想を下回った場合のシミュレーションをしてみます。

**<売上>¥3,000×24.4人×25日＝¥1,830,000**

ランニングコスト

| | | |
|---|---|---|
| 家賃 | ¥390,000 | （共益費、看板料含む） |
| 材料費（仕入） | ¥457,500 | （売上183万：平均原価率25％） |
| 人件費 | ¥430,000 | （店主、アルバイト常時2名） |
| 水道光熱費 | ¥100,000 | |
| 消耗品費 | ¥100,000 | |
| 借入金返済 | ¥280,000 | |
| 営業外費用（雑費） | ¥ 50,000 | |
| その他 | ¥ 20,000 | （製氷器リース） |

**ランニングコスト計　　¥1,827,500**

¥1,830,000（売上）－¥1,827,500（ランニングコスト）
＝**¥2,500（利益）**

### 説明

この売上が利益の残るボーダーラインです。言いかえれば、この売上でも借入金の返済は可能だということです。立地その他さまざまな好条件が揃っているので、実際にここまで下がるとは考えにくいのですが、万一に備えてシミュレーションさせていただきました。店の知名度が上がるまで、多少の苦戦を強いられるかもしれませんが、初期運転資金に余裕があるので、開業当初の資金繰りも無難にしのげるはずです。
また仮に低迷が続き、初期運転資金のストックが切れた場合は、店主である私の給料や、アルバイトの勤務時間を削減します。それによって、店の質を落とさずに、月当たり20～30万円を捻出することができます。
さらに本当に最悪の場合は、店をたたみ、不動産屋に預けてある保証金のすべてを、借入金の返済に充てる予定です。
以上の理由から、100％の返済をお約束できます。

7

計画書を創る：解説　PAGE.7

# 返済保証

どんな店にも浮き沈みはある。
大繁盛するステキな日もあれば、全く客が来ないクソみたいな日もある。
週ごと、月ごとで考えても、売上とはやっぱり不規則なものだ。
計画書を読ませる相手は、あなたの店が波に乗れず、金を返せないまま、沈んでしまう（無礼にも）ことを心配している。「予想売上はあくまでも予想でしょ？　売上が落ちてもお金返せるの？」と疑っている。たしかにそうだ。
「返済保証」を提示する理由はここにある。
最悪の場合を想定し、「万が一、売上がこれだけ落ちても、借りた金はちゃんと返せるから安心してくれ！」とアピールして、相手をきちんと納得させる。
そこで、「赤字にならないギリギリの売上＝利益がゼロになる売上」を計算し、そこまで売上が落ちても借金はちゃんと返せる、ということを証明するんだ。

**→ POINT**

## 利益ゼロ＝限界売上の探し方

①まずランニングコスト（家賃＋人件費＋水道光熱費＋消耗品費＋雑費＋借入金返済）を計算する。

ランニングコスト ¥ ……………………………………

②「(100－自分の店全体の原価率)÷100」の数字を求める。
(例) さっき求めた材料費の割合が30%だったとしたら、
(100－30)÷100＝0.7

(100－自分の店全体の原価率 ............)÷100＝ ............

③ ①で出した金額を②の数字で割る。

【限界売上】

① ............ ÷② ............ ＝限界売上 ¥ ............

これで、ＯＫ！　実にシンプルだ。

→ POINT

## 「返済保証の説明」の書き方

以下のポイントを押さえて説明文を書こう。サンプルの例文も参考に。

**POINT1**

「この売上でも、借りたお金は返せます」

**POINT2**

「○○○という有利な条件を考えれば、これだけ売上が下がることは考えられませんが…」

**POINT3**

「商売に絶対はないので、最悪の場合に備えて…」

**POINT4**

「さらに、○○○という対策をしっかり考えていますので、ご安心ください」

**POINT5**

「借りたお金は確実に返せます」

Sample PAGE.8

## 展望

abc
PARK
RESTAURANT & BAR
view

### 展望

吉祥寺で素晴らしい物件とめぐり会い、幸運にも最終見積りまでスムーズに進めることができました。この物件があれば、商品、内装、外装ともに世の中のニーズに合った店舗を完成させる自信があります。この店をなんとしても成功させ、いずれは「1号店」と呼べるように、チェーン展開していくのが私の夢です。
また、私が店舗経営を志す一番大きな理由は、質の高い料理やサービスはもちろん、より多くの人に「自由な空間」を提供したいと思ったからです。
人々はひとときの自由を満喫するために、クラブやバー、キャバレーなどを訪れます。そこは、煩わしい日常を忘れ、赤の他人と親しくなり、ハメを外すことができる場所です。歓楽街にはそういう楽しみがあります。しかし反面、若い女性や学生にとっては敷居の高い場所でもあります。
そこで私は、若者からお年寄りまでわけへだてなく、自由な空気を味わえる空間として、『アベシパーク』という憩いの場を提供したいと考えています。

以上の展望を含めて、『アベシパーク』開店の計画書とさせていただきます。

平成15年某月某日

太郎＆花子

計画書を創る：解説　PAGE.8

# 展望

計画書の最後に書く「展望」とは、根本的な「なぜ？」に対する答えだ。
なぜ「自分の店」を出したいのか？
なぜ借金をして、リスクを負い、あえて不安定な生活を選ぶのか？
その疑問には「自分の店」への想い、気合い、願望を力の限りぶつける。
理論的に難しく書く必要はない。
素直な想いを、自分の言葉でストレートに書けばいい。
なんだかんだ言っても、一番大切なことは「熱い気持ち」を伝えることだから。

## さて、これで計画書の作成は全て終了だ。

本当にお疲れさま。
なんで、こんな大変なことをしたんだろう…。
答はカンタン。これから店を出す人にとって、計画書ほど便利なモノはないからだ。
**計画書は、お金を借りるときに「最強の武器」となり、作戦を振り返るときに「宝の地図」となってくれる。**
そして何よりも嬉しいのが、夢に向かって一歩を踏み出した「あなた自身」の証明書になってくれることだ。

さて、まだ余力がある人はさらにもう一仕事。
計画書をカッコ良く締めくくるために、「内装のイメージ案」「メニュー案」「アドグッズ案」などの資料を添付しよう。
これさえあれば開業計画書としてはパーフェクトだ。

Sample 番外編

# 資料

abc PARK RESTAURANT & BAR

# DATA

## 資料

### IMAGE

内装のイメージ（『北斗の拳』より）
©武論尊・原哲夫／Coamix

『北斗の拳』
MASTER EDITION
発行：コアミックス
武 論尊（作）
原 哲夫（画）
80年代に一世を風靡した究極のバイオレンスアクションマンガ。今なお絶大な人気を誇る。

お店の名前の由来にもなった『北斗の拳』の雰囲気そのままに、世紀末の荒廃したムードをかもし出す店内。一風変わった異空間を演出。

### MENU

**『アベシパーク』で、予定しているメニュー**

**北斗七星ビール**
アベシパークの特注ビール。
飲みすぎると死兆星が見える？

**天下無双ラオウチャーハン**
ニンニクたっぷりの栄養満点料理。
口が匂っても「いっぺんの悔いなし」。

**慈愛たっぷりユリアの晩御飯**
自然素材だけを使ったヘルシーメニュー。
男の欲望をかきたてる。

**ハートの高カロリーステーキ**
食いしん坊さんも大満足の2000キロカロリー。太ったらゴメン。

**気まぐれサウザーサラダ**
ドレッシングの上に野菜をかける？
すべてが逆の不思議なサラダ。

**フドウの山のような海鮮丼**
向こう側が見えないほどの大盛り。
食べるほどに心が優しくなると評判。

**ビーフジャギ**
牛肉かと思いきや、時々ニセモノも混じってる楽しいオツマミ。

**トキのときめきカクテル**
癒し系のお酒。
飲めば病気が治ると噂だが真相は不明。

**レイしゃぶ**
水鳥の肉を使った料理。
細かく切れているので食べやすい。

**お前はもうジントニック**
口当たりの良さは抜群。
でも数秒後に腰から砕け落ちる。

**百烈オムレツ**
きれいに焼き上げたオムレツをわざわざ砕いてご提供。面白い食感。

**ひでぶ人形焼**
指で人形の顔を潰し、飛び出たアンコだけを食べるという新スタイル。

### ADGOODS

**マッチ、カード、チラシのデザイン**

MATCH CARD LEAFLET

計画書を創る：番外編

# 資料

そして最後のページに、参考資料を付け加えればベスト。

**→ POINT**

## 予定しているメニューのコピー＆説明

後の＜ＭＡＫＥ　ＳＨＯＰ＞で考えるメニューブックのコピーや目玉商品を、写真・イラストをまじえて紹介する。

**→ POINT**

## 宣伝計画

後の＜ＭＡＫＥ　ＳＨＯＰ＞で考える「宣伝計画」について紹介。チラシ配り、キャンペーン、ＰＡＲＴＹ、マスコミへの売り込みなど、計画している宣伝内容を全てリストアップしておく。「おお！　今からちゃんと宣伝のことまで考えてるんだ」って感心してくれるかもしれない。

**→ POINT**

## 内外装のイメージイラスト

無くても平気だけど、あると嬉しいのがイメージイラスト。文章だけで説明してきた内外装も、イラストで表現されていれば一目瞭然だ。文章の何倍も相手に伝わりやすいと思う。絵を描くことに自信がなければ、絵の上手な友だちに頼んでみよう。

**→ POINT**

## マッチ、カード、チラシのデザイン

この3つは基本的な宣伝ツールとなる。もしデザインが決まっていたら見せておきたい。

# 2 実際にお金を集める

ようやく計画書ができた。
では、さっそくこの計画書を使って実際にお金を集め始めよう。
開業資金の集め方には、大きく分けて3つの方法がある。

**【方法1】 友人・知人・両親に借りる**

**【方法2】 公共の金融機関（金融公庫）から借りる**

**【方法3】 コツコツ貯金する**

それぞれ、自分に合った方法を1つ選んでもいい。でも、できれば上記の3つの方法を組み合わせて、バランス良く資金集めをしたい。
詳しい説明は後回しにするとして、参考までに「総開業資金500万円」を集める方法を、いくつか簡単にシミュレーションしてみよう。

## 総開業資金500万円を集める方法

### →PLAN 01

**他人からはビター文借りずに、全額自分で貯めるぞ！**

### 超堅実派プラン

貯金で全てをまかなおうとする超堅実派。

「毎月の給料から10万円ずつ」「ボーナスから年間45万円ずつ」貯めるという苛酷なハングリー生活を続け、3年間で“500万円”貯める。

### →PLAN 02

**半分は自分で貯めて、半分は他人から借りよう！**

### 現実派プラン

借りられるかどうか分からない金融機関には頼らず、他人からお金を借りる自信たっぷりの現実派。

「毎月の給料から10万円」「3回のボーナスで70万円」を貯めて、1年半で“250万円”。その間に両親や親戚はもちろん、ありとあらゆる友人、知人から“250万円”かき集める。

### →PLAN 03

**4分の1は自分で貯めて、4分の1は他人から借りて、半分は金融機関から借りよう！**

### 器用派プラン

全ての方法を駆使して、比較的無理なくやろうとする器用派。

毎月の給料から5万円ずつ貯めて、2年間で“120万円”。両親から70万円、兄弟や友だちから60万円借りて合計“130万円”。両親に保証人を頼み、公共の金融機関から“250万円”借りる。

## →PLAN 04

**3割は自分の持ち物処分で、残りは金融機関から借りよう！**

# 独立派プラン

他人からは一銭も借りずに、金融機関をうまく使う独立派。

車、バイク、パソコン、オーディオセットから電話の権利まで、金目のモノは全て売り払い、保険も解約して“150万円”ゲット。

長年修業したレストランの支配人に保証人を頼み、金融機関から“350万円”を借りる。

## →PLAN 05

**今すぐ始めたい！　仲間と一緒に気合いで始める**

# 情熱派プラン

気の合う仲間3人と一緒に、すぐにでも店を始めたい情熱派。

仲間全員で金目のモノを全て売り払う。3人で“100万円”。仲間全員で3ヵ月間、ハードな肉体労働に燃えて大半を貯金する。3人で“150万円”。

空いている時間を利用して、両親、友人、知人に頭を下げてお金を借りる。3人で“250万円”。

## →番外編

**よい子は絶対にマネしちゃいけない！**

# クレイジープラン

「店が出ればなんとかなる！」の一心で、借金地獄から始めるクレイジーボーイ。両親、知人、金融機関がほぼ全滅で、親友だけが借してくれた“30万円”。あらゆるカード会社からキャッシング。9社で合計“270万円”。フルローンで新車を買い、すぐに売る。“170万円”。

競馬で本命ガチガチのレースに大口で勝負。勝って“30万円”。

さて、自分なりの資金集めはイメージできただろうか？
実際に動き出す前に、少しだけ準備をしておこう。

## 【準備1】自己資金を作る

<ＲＥＳＥＡＲＣＨ>で調べた「自分の店を開業するために必要な金額」を確かめてみよう。きっと、今の時点ではちょっと手の届かない金額だと思う。それでも「自分の店」を開きたいあなたが、自己資金をＧＥＴするためにまずできることは何か？
それは、金目の持ち物を思い切って売り払っちゃうことだ。車、バイク、パソコン、ブランド物の洋服、バッグ、アクセサリー、オーディオセット…なんでもいい、売ればお金になるモノはいくつか持っているだろう。
「そこまではしたくない」と言う人もいるかもしれないが、貯金ゼロから本気で「自分の店」を持とうと思うなら、自分の持ち物を売ってお金を作るのが基本だ。
もしも「今すぐ売る」のが嫌だったとしても、せめて「お金が集まらなかったら売る」覚悟くらいは決めてほしい。一度くらい手放したって、儲かったときにまた買い戻せばいいだけのこと。他人からお金を借りようとしても、本人がリスクを背負わなきゃ、説得力が無いからね。

## 【準備2】借入金総額を確認する

お金を集め始める前に、「結局、いくらお金を借りればいいのか？」をハッキリさせておこう。

**【開業資金の総計】**

店舗取得費 ¥………………………＋改装費 ¥………………………＋
初期運転資金 ¥………………………＝ ¥………………………………………

この金額が「自分の店」に必要なお金の合計。この金額から、貯金やモノを売ったお金など「資金にあてようと思っているお金＝自己資金」を引く。

**【借り入れ金額】**

開業資金の総計 ￥………………………… －自己資金 ￥…………………………

＝ ￥……………………………………………………

この金額が「借り入れ金額」。
ここがゼロ円以下になった人は、借金をする必要がない。すばらしい。
しかしほとんどの人は、ここで出た金額分を借りることになる。がんばろう。

## 【準備3】資金集めのルールを決める

最後にもうひとつ。資金集めにはルールが大切だ。お金は時々、人の判断力を鈍らせる。ルールを決めておかないと、「あと少し、あと少し」と焦るがあまり、うっかり危険をおかしてしまう可能性がある。「自分の店」を持つことは超ハッピーなことだけど、無我夢中でサラ金に手をだしたり、友だちに嘘をついたり、後輩を脅したり、お金を盗んだり、なんて具合に人の道を外れてしまっては、なんの意味も無い。
そこでいくら資金が足りなくても、「それだけは絶対しない」「そうするくらいなら店はあきらめる」というルールだけはしっかり決めておこう。

**〔例〕**

**約束1**　「どんなに困ってもサラ金には手を出さない」
**約束2**　「お金を借りる時に嘘をつかない」
**約束3**　「利子は10％以上つけない」

実際にお金を集める：方法1
## 友人・知人・両親に借りる

正直な話、この方法は「なるべくなら避けたい」「貸してくれそうな人がいない」と思っている人が多いだろう。しかし、金額の大小はともかく、無一文、未経験、コネなしから「自分の店」を始めるつもりなら、ほとんどの人がチャレンジしなきゃならない方法だと思う。たしかに、お金の貸し借りはお互いにあまり気持ちのいいものじゃないが、ちゃんとルールを守って、真剣にお願いすれば、相手との関係を壊すことはない。
まあ、なんにしたって「自分の店」のためなんだから、つまんないプライドなんて捨ててトライしてみよう。勇気を出さなきゃ、何も始まらないからね。

では、これが「お金を借りる」手順。

**POINT 1　相手に電話をする**

**POINT 2　空いている日を聞き、会う約束をする**

**POINT 3　計画書を見せて、開業資金を貸してくれるように頼む**

**POINT 4　お金と引き換えに、借用書とお礼の手紙を渡す**

方法1　**POINT. 1**

# 相手に電話する

「誰に電話をしよう？　お金を持っていそうで、ちゃんと理解してくれそうな人…うーん…そんな人、身近にいたかなあ？」なんて考え込むのもムリはない。皮肉なことに、頼みやすいタイプの人は、たいていお金を持ってないし、お金を持ってる人は、たいてい頼みづらいオーラを出している。世の中うまくいかないもんだ。でも、そこで悩んでいても先には進めないので、まずは「お願いする人リスト」を作成しよう。卒業アルバム、社員名簿、住所録、パソコン・携帯電話のアドレス帳などを見ながら、お金を貸してくれそうな人、頼みを聞いてくれそうな人の名前を書き出していくわけだ。

そこで、参考までに、自分との関係別に「傾向と対策」を紹介する。

## 学校関係の友だち・先輩・先生

学校の人間関係は比較的浅くて広いものだが、手当たり次第に連絡するのはあまり効率的じゃない。主に部活、サークル、クラスなどのグループ単位で、深く付き合っていた友だち、先輩をピックアップしよう。特別に親しくしていたならば、先生に頼んでみてもいいかもしれない。久しぶりの電話で「お金の相談」というのもツラいけど、青春時代に結ばれた絆は、他の何にも代えがたい。きっと、協力してくれる人はいるはずだ。

## バイト関係の友だち・先輩・社員

バイト先によって、年令的、性格的、収入的にいろんなタイプの人がいる。中でも、たいした趣味を持たず、週に5、6日働いているような社会人は、ある程度まとまったお金を持っていることが多い。さらに、その人と毎日ふざけ合うような間柄だったら最高だ。少しあらたまった場で、真剣に頭を下げれば「大金はムリだけど、ちゃんと返してくれるなら貸してもいいよ」なんていい返事が期待できそう。

## 親戚

人それぞれ複雑な事情があると思うが、「両親に内緒で」お願いするのだけはやめておこう。このパターンは後で必ず両親にバレて、「なんで先に親に言わないの！　恥をかかせないで！」という話から大問題に発展することがある。

## 両親

「親には借りない！」という強い信念がある人以外には、やっぱり本命。家庭によって事情は様々だろうけど、ほとんどの人にとっては一番頼みやすくて、一番安心できる存在だと思う。でもなるべくならば、すぐに頼るのはやめよう。自分の力だけでできる限り頑張って、それでもダメだったときの「最後の砦」として考えておきたい。じゃないと、両親にも真剣味が伝わりにくいし、自分自身、実際に店を出したときの達成感も小さくなってしまうだろう。

## 兄弟

お金を持っているかどうかはわからないが、やっぱり親や親戚よりも頼みやすい。まず一番最初に相談してみてもいいかもしれない。

## その他

幼なじみ・会社の同僚や先輩・恋人・昔の恋人・近所の顔なじみ…など。

貸してくれる金額は、一般的に年上が大きく、同年代や年下は小さい。おそらく、同年代からはちょこちょこ小さく借りて、年上からガツンと大きく借りる、というパターンになるだろう。

方法1　**POINT. 2**

# 空いている日を聞き、会う約束をする

## さて、実際に電話。

まずは「最近調子はどう？」的な挨拶から始め、近況報告から友人の噂話、世間話、思い出話へと話題を変えながら、じょじょに核心へと迫っていく。そして「ところで、何で急に電話なんてしてきたの？」的な話が出てきたタイミングで、（できることならこんな話はしたくないけど、しょうがねえ！）と勇気を振り絞り、「これこれこういう訳で、店を出そうと思ってるんだけど、開業資金がどうしても足りない。良かったら話だけでも聞いてもらいたいんだけど」と本題を切り出す。すると「え？」というリアクションは避けられないだろう。きっと9割以上の人が不信感をあらわすと思う。でもそれは当然のことだから大丈夫。誠意を持って、謙虚に丁寧に話せば、中には「話くらいなら聞いてもいいよ」と言ってくれる人がいるはずだ。

ただ、相手とどんなに仲が良くても、突然「金を貸してくれ」と言われたら質問したくなることもあるだろう。当然、こちらはなにを質問されても、ちゃんと答えられなきゃいけない。せっかく計画書まで作ったんだから、無計画な思いつきだって疑われたらもったいないでしょ。

というわけで、「電話で聞かれそうな質問リスト」を挙げてみた。電話をする前に計画書を広げ、下の質問には答えられるようにしておこう。

☑ 全部でいくらぐらい必要なのか？
☑ あといくら足りないのか？
☑ いつ頃返せるのか？
☑ お金はどうやって集めているのか？
☑ 本当にやっていける見込みがあるのか？
☑ もし店が潰れちゃったらどうやって返すのか？
☑ お店の場所は？
☑ どんなお店？
☑ 経験はあるのか？　なくても大丈夫なのか？
☑ なんでやりたいと思ったのか？
☑ 覚悟はあるのか？

いろんなやり取りの末、運良く会って話を聞いてもらえることになったら、すぐに場所と時間の約束をする。どちらも全面的に相手の都合に合わせるべきだが、計画書を見せたり真剣な話をするので、場所だけは選ばせてもらった方がいい。テーブルが大きくて、なるべく落ち着ける、ファミリーレストランや広めの喫茶店なんかが手頃だろう。どちらかの自宅というのも悪くない。

方法1 POINT. 3

# 計画書を見せて、開業資金を貸してくれるように頼む

まずは絶対に遅刻しないように。この時ばかりは普段の遅刻のように、笑って済まされない。最低でも15分位前に着いて、待っているぐらいの心掛けでいくべきだ。
約束の場所に着き、やがて相手もやって来て、とうとう話を始める時がきた。
そこで大きな流れとしては…

step **01**

**計画書を見せながら、どんな店を出す予定なのかをわかってもらう。**

step **02**

**計画書を見せながら、しっかりした返済の計画があることをわかってもらう。**

step **03**

**借りたい金額と利子や返済の方法について具体的に話す。**

step **04**

**ひたすら、頼む。頭を下げる。**

といったところだ。たいていの場合、よく練り上げられた計画書に対して、驚く人が多いと思う。ただ、それでもネックになるのは、やっぱり「本当に返済できるのかどうか」ということ。それでも何度も根気よく説明し、納得してもらうしかない。

さて、必死に頼んだ結果はどうだろう。以下はリアクション別の注意点だ。

## 断られた場合

話を聞いてくれただけでも、感謝しなきゃいけない。心から感謝の気持ちを表そう。
そして今後、この件が「心のつっかえ」にならないように、できるだけ楽しいトークで締めくくろう。

## 貸してくれる場合

金額は1万円でも100万円でも同じこと。精一杯、感謝しよう。貸してもらえた場合はその後のフォローがとっても大切だ。次の「やること」を完璧に行なってほしい。ここをアバウトにしてしまうと、後で必ず問題が起きるので要注意。

方法1　POINT. 4
# お金と引き換えに、借用書とお礼の手紙を渡す

## やること

### step 01

「貸してもらえる金額」「利子」「お金の受け取り方」「受け取る時期」「返済時期」「返済の方法」「相手への振込口座」などの条件をしっかり確認して、借用書に記録し、必ずお互いに保管しておく。複数の人にお金を借りる場合は、全員の条件をもれなく記録すること。

### step 02

後日「お礼の手紙」を送る。必要ならば「借入証書」と「印鑑証明書」を渡す。
どんなに親しい人でも「お礼の手紙」は必ず送ろう。後でどんなことがあるか本当にわからないし、お金のことはきっちりしたほうが気持ちいいもんだ。ここも、絶対アバウトにしちゃダメなところ。

## 借入証書

文房具店や事務用品店に行けば専用の用紙を買える。ひながたを見ながら、記入、捺印し、相手に渡す。

## 印鑑証明書

これは区役所で手に入るもの。持っていくものは、

**1**　実印

**2**　身分を証明できるもの（保険証／免許証／パスポートなど）

**3**　現金（1枚につき300円くらい）

## 毎月の借入金返済額を確認しよう

お金を借りていく上で、一番注意しなければいけないこと。そう、それは「お金は返せる範囲で借りる」ということだ。借入金のリストができ上がってくると、「この月はいくら、あの月はいくら、借入金を返すことになる」というのがはっきりしてくるから、しつこいくらいにチェックした方がいい。

特に大事なポイントは「開業当初に借入金の返済がないかどうか」。開業から3ヵ月間くらいは、はっきりいって借入金を返す余裕なんてないのが普通だ。どれだけ頑張っても、スタートからなかなか黒字は出ない。開業当初に返す約束をしても、きっと返せない。最悪の場合、この借金を返すために高利子のサラ金に手を出したりする。おーコワ！

まあ、そうならないためにも、開業当初の利益は期待しないように。その分、返済時期はちょっと遅めにしてもらおう。

実際にお金を集める：方法2

# 公共の金融機関から借りる

大切にしていたモノを泣く泣く処分したり、両親や友達に「お金貸してください！」と頭を下げたり、何かと辛いことだらけの開業資金集め。だんだんあきらめ気味にもなるが、いざとなったら一発逆転の方法がある。
それが「公共の金融機関から借りる＝融資を受ける」というワザだ。公共の金融機関を使えば、一度に高額の資金を借りることができるし、返済も10年程度の長期分割ができる。さらに金利（利子）が低い。無一文から資金を集めるには理想的だ。
残念ながら、「貸すか、貸さないか」の判断は金融機関にゆだねられるので、「こうすれば100%借りられる」と断言できるノウハウはない。そこで「こうすればかなりイケる」というレベルのテクニックを紹介しようと思う。「なんか難しそうだから」「わけわかんねえから」と尻込みせずに、ぜひトライしてみてほしい。

まず、個人（企業じゃない、という意味）で店を始める場合、最も資金を貸してくれる可能性が高く、また安心して利用できるのが「国民生活金融公庫」だ。「なんじゃそりゃ？」という人のために、じっくり説明しよう。

## 国民生活金融公庫ってなんだ？

政府が全額を出資している金融機関で、全国に152店舗（2003年現在）の支店がある。一般的に、民間の大手銀行は「大企業」相手だが、国民生活金融公庫は「個人や中小企業」を中心に事業資金を貸していて、約4分の1の中小企業が利用しているとも言われる。弱者にとって心強い味方だ。

ちなみに国民生活金融公庫は、個人・法人を問わず、事業を営んでいる人、これから事業を始めようとしている人であれば誰でも利用できる。だからこれから「自分の店」を始めるあなたにも、当然「申し込む権利」があるんだ。金融公庫の窓口に行って「場違いだよ」「なんだ、この人は？」的なネガティブなリアクションを受けることはない。ご心配なく。

国民生活金融公庫について、詳しくは
http://www.kokukin.go.jp/（国民生活金融公庫ホームページ）を見てほしい。

融資手続きの大きな流れ

**準備　　　金融公庫の場所を確認する**
**POINT 1　金融公庫の窓口に行って「相談」する**
**POINT 2　「申し込み」に必要な書類を揃える**
**POINT 3　融資の「申し込み」をする**
**POINT 4　担当者と「面談」をする**
**POINT 5　「融資契約」をしてお金が振り込まれる**
**POINT 6　借りたその後に**

## 【準備】金融公庫の場所を確認する

開業資金を借りるために、まずは金融公庫の窓口に相談へ！…といっても、カンジンの金融公庫はどこにあるんだろう？
上記のホームページにアクセスすれば、全国地域別に所在地を調べることができる。パソコンが無ければ、電話でも教えてくれる。

**〔国民生活金融公庫〕**

**東京**　(03) 3270-4649
**名古屋**　(052) 211-4649
**大阪**　(06) 6536-4649

また「国民生活金融公庫の制度」や「申込手続き」については、電話やEメールで教えてくれるから便利だ。

方法2 **POINT. 1**

# 金融公庫の窓口に行って「相談」する

## さて、行くべき場所がわかったら行動あるのみだ。

自分の足で金融公庫へ向かおう。持っていくものは「筆記用具」と「計画書」。最初に提出するわけじゃないから、計画書は別に無くてもいいんだけど、店について何か質問されることもあるので、持っていると心強い。服装はあまり気にしなくていいけど、「おいおい、こいつはどう見ても貧乏だろ」っていう格好だけは避けよう。貸す側も不安になるからね。

さて、目的の金融公庫に到着したら、まず「融資相談窓口」に向かう。カウンターの前に立つと、たいてい愛想の良さそうな女の人（例外もある）が、ニコニコしながら「融資のご相談でしょうか？」ってな感じで聞いてくるので、自信を持って「はい」と答えよう。相談は無料だ。すすめられるがままに椅子に座り、「個人で店を始めるんですが、融資について相談にきました」と言う。すると「借りたい金額」や「店のタイプ」「融資を受けたい時期」などいろいろ質問されるので、計画書などを参考にしながら堂々と答える。まだ決まっていないことは、素直に「まだ未定です」と言おう。質問が終わると「そうですか、それでは…」と今後の手続きや、必要な書類についての説明をしてくれる。おそらく説明の内容には、いくつかの知らない言葉が含まれているだろう。そんなときはビビらず、遠慮せず、ガンガン質問すること。初めて利用するんだから、知らなくて当り前。知らないことを聞くのは全然恥ずかしくない。

大事なポイントは面倒くさがらずに、しっかりメモを取ろう。全ては「自分の店」のためだから、店について「わからないこと」は極力ゼロに近づけたい。

## 相談前に知っておくと便利なこと（2003年5月現在）

### 【1】利用できる融資のタイプ

**【普通貸付】**

ほとんど全ての中小企業が対象（金融業、投機的事業、一部の遊興娯楽業以外）。

**融資額**　4800万円以内

**返済期間**　運転資金５年以内　設備資金10年以内

**【食品貸付】**

食料品小売業、食品製造小売業、花き（草花）小売業などが対象。

**融資額**　7200万円以内

**返済期間**　13年～15年以内

**【生活衛生貸付】**

飲食店、理容業、美容業、クリーニング業など生活衛生関係の事業が対象。

**融資額**　7200万円～４億円以内

**返済期間**　13年～15年以内

**資金の使いみち**

資金の使い道は大きく「設備資金」と「運転資金」に分かれる。

「設備資金」は、新しく店を始めるために、保証金を払ったり、内装工事をしたり、冷蔵庫や家具や調理器具を買ったり、古い店を改装したりするためのお金。

「運転資金」はすでに店を始めている人が、従業員の給料・ボーナスを払ったり、材料を仕入れたりするためのお金。

もちろん、これから店を始めるあなたが利用するのは「設備資金」の方だ。

**融資額「原則として4800万円以内」**

「めいっぱい借りたい」なんて欲張らないように。これだけの金額をフルに借りようと思ったら、原則として実績や担保が必要になってくるし、毎月の返済もケタ違い。一文無しから集めた開業資金ではさすがに無理だろう。２号店、３号店を創るときのお楽しみにしよう。

**返済期間「原則として10年以内」**

返済期間が短いほど、最終的に支払う利子は安くはなる。でもそれだけ毎月の支払額が高くなり、経営がツラくなってくる。開店当初の売上は安心できないので、なるべく10年に近い長期の返済を希望しよう。

**利率「時期によって変動するもの」**

相談に行った際に、必ず窓口で確認しよう。

## 【2】新規開業と独立開業の違い

開業には大きく分けて2種類のパターンがある。
ひとつは「新規開業」で、ごく普通の人が未経験の業種で店を開くパターン、もうひとつは「独立開業」で、過去に経験がある業種で店を開くパターンだ。
どちらも融資の対象にはなっているが、やっぱり「独立開業」の方がいくらか有利になっている。どれくらい有利なのか、その違いをまとめてみた。

**【新規開業】**

◆店舗をそのまま買い取り、かつ改装工事を行なわない場合、その買い取り費用は融資対象にならない。
◆原則として、融資できるのは総開業資金の2分の1まで。

**【独立開業】**

◆店舗をそのまま買い取り、改装工事を行なわない場合でも、その買い取り費用は融資対象となる。

◆原則として、総開業資金の全額が融資対象となる。

**そして、肝心の「独立開業の条件」は…**

「原則として26才以上の方で、開業する業種と同じ業種の店に現在まで継続して6年以上従事している方（2親等以内の家族従業員は除く）」と決められている。この条件に当てはまる人が、「従事証明書」という書類を提出すると、「独立開業」とみなされる。それ以外の人は「新規開業」だ。

「新規開業」であっても、別に大きな問題はない。内装工事は小規模で済ませ、融資は2分の1でちょうど良いと思えればいい。いきなり全額借金から始めるのも危険だからね。しかし、見えにくいところで「独立開業」よりも冷遇されるのはたしか。だから「新規開業」の場合は、「未経験だけどこれだけ綿密な計画があるから、借りた金はちゃんと返せるんだ」という根拠を、計画書でより強くアピールする必要があるわけ。

## 【3】あなたはいつ頃、いくら借りたいのか？

これは相談窓口で必ず聞かれる。相談に行く前に確認しておくこと。

「いつごろに、いくらくらいの資金が必要ですか？」と聞かれたら、「現在の予定では総開業資金が○○○万円ほどになりますので、その内の○○○万円を、×月×日頃に融資していただきたいと思います」と、正直に自分の希望を言う。

もし時期や金額に問題があれば「こういう理由でそれは無理ですね」と、きちんと説明してくれるはずだ。融資に無知だからといって、遠慮する必要はない。

## 【4】利率や毎月の返済額について

「利率」と「毎月の返済額」は相談する時点で必ず確認しておこう。利子を含んだ「毎月の返済額」がわかったら、計画書の「利益ビジョン」の内容と照らし合せ、「返済が可能か」どうかを確かめてみよう。

## 【5】今後、必要になる書類について

融資の申し込みに必要な書類については、この後詳しく説明していく。でも念のために、相談窓口で渡される「提出書類のリスト」はしっかり自分の目で確認し、どうやって記入すればいいのか、どこで手に入れればいいのか、何かわからないことがあったらその場でしつこく聞いておこう。

さあ、金融公庫へ行く前にこれだけ知っていれば、もう何も心配することはない。もし不安なことがあっても、それは窓口で相談すればいい。そのための相談窓口なんだから。

方法2　POINT. 2

# 「申し込み」に必要な書類を揃える

窓口でいろんな説明を受けた後、「では、これらの書類が揃いましたら再度、申し込みにお越しください」と言われて、はい、その場はサヨナラ。

相談窓口を後にしたら早速、必要な書類を集め始めよう。主なものは以下のとおり。念のために自分がもらってきた提出書類のリストと見比べてみてほしい。

**〔例〕飲食店を始める人が「生活衛生貸付」を利用するために必要な書類。**

**1　開業計画書**

**2　都道府県知事の推薦書※**

※「都道府県知事の推薦書」をＧＥＴするために必要な書類。

①推薦書交付願　②借入申込書　③契約書　④見積書　⑤平面図
⑥従事証明書（独立開業の場合のみ）

## 【1】開業計画書

これはもう創ってあるので、問題ない。

## 【2】都道府県知事の推薦書

「知事の推薦書」なんて言うと、ずいぶんたいそうなものに聞こえるけどそれはとんだ誤解。やることは単なる事務手続きオンリーだ。必要な書類を揃えて、都道府県庁で申請するだけでオッケー、誰にでも取得できる。わからないことがあったら、何度でも金融公庫の相談窓口に問い合わせてみよう。

### 【推薦書交付願】

これは記入例にしたがって記入するだけ。カンタンだと思う。

### 【借入申込書】

もし悩みどころがあるとすれば「予定連帯保証人」という欄だろう。「連帯保証人」とはあなたが万が一、死亡、夜逃げ、自己破産などの事情で借りたお金を返せなくなった場合に、借金の肩代わりをする人のこと。融資金額の返済を保証できる人だったら、誰にでもなる資格がある。
ただ相手が誰であろうと、もしもの時には犠牲になるわけだから、あなたのことをよほど信用していない限りは引き受けてくれないだろう。
というわけで、保証人のメインターゲットは両親だろう。両親さえ快く引き受けてくれれば、とりあえず第一関門は突破だ。
もしも両親には頼めない場合、次なるターゲットは実際に「自分の店」を出している、あるいは出したことのある人たちだ。店のオーナーは自分の経験から、保証人の重要性をよく理解しているはずだ。普通の人に比べれば、いくらか聞く耳を持つだろう。
それもダメなら、もう相手を選んでいる余裕はない。いろんな人に会い、計画書を見せて、心をこめて説明し、頼んで頼んで頼みまくるのみだ。説得にコツはない。とにかく相手にひたすら誠意を見せること。「とりあえずハンコさえついてもらえば、後は迷惑かけませんからねー」みたいな軽いノリは絶対にタブーだ。
両親以外の人から「連帯保証人」を探し出すのは、正直、とっても大変だと思う。途中で何度も投げ出したくなるかもしれない。でもここが勝負のわかれ目だ。保証人さえ見つかれば、ゴールはぐっと近くなるだろう。

### 【契約書】

物件を押さえたことを証明する「契約書」が必要になる。「でもまだ契約していないのに契約書なんてもらえないよ」というのは当り前。ここで求められるのは「仮契約書」「重要事項説明書」「念書」のいずれかで、これらは契約前でも不動産屋が作成してくれる。さっそく不動産屋に電話して「融資に必要なので」と理由を添えてお願いしよう。
※「契約内容」と「不動産屋と自分の賃貸意志」さえ確認されていれば、3種類の書類のうちどれでもＯＫ。

**【見積書】**

内外装工事や備品、什《じゅう》器（グラスや皿やスプーンなど）などの見積書で、これらは業者が発行したものに限る。＜ＲＥＳＥＡＲＣＨ＞のページで集めた見積書をここでも使うわけだ。その際、いちおう有効期限も確認してほしい。もし有効期限が切れていた場合は、もう一度見積書を作成してもらおう。もし見積書が手に入らない場合は、その金額が記載されているカタログでも代用できる。

**【平面図】**

「自分の店」が完成したときの平面図、つまり店の間取り＆レイアウトだ。手書きで問題ないが、定規を使って丁寧に。方眼紙を使うとさらに便利。

**【従事証明書（独立開業の場合のみ）】**

「独立開業」する場合のみ必要。あなたの名前、勤務時間、仕事内容などを「あなたの元の雇用主」に証明してもらうための書類だ。文房具店か事務用品店、またはインターネットなどで手に入れたら勤めていた店のオーナーに会い、記入と捺印をお願いしよう。

方法2　POINT. 3

# 融資の「申し込み」をする

必要な書類が全て揃ったら、ふたたび金融公庫の窓口に出向き、「必要書類を揃えて融資の申し込みに来たのですが」と伝える。すると窓口の人は必要書類を軽くチェックした後、担当者との面談の日時を指定してくれるだろう。通常は約1週間後だ。
数日後、「面談当日の持ち物」「担当者の名前」「当日の時間」などが書かれた書類が送られてくるので要確認。準備をカンペキに整えて、面談にのぞむ。

方法2　POINT. 4
# 担当者と「面談」をする

「面談当日の持ち物」を忘れずに、約束の15分前には到着しよう。服装は不動産屋を回った時のようにこざっぱりと、できればスーツがいい。
さて、面談だ。と言っても、そんなにビビることはない。担当者と20分ほど簡単なトークをかますだけだし、話題の内容だって「開業資金の内容」や「保証人の職業」「自己資金の集まり具合」など、これまでやってきたことばかり。それに面談でチェックされるのは主に「あなたの人間的な信用度」だから、開業計画書がしっかり創られていて、普通の受け答えができて、きちんとした連帯保証人がいれば、何も困ることはない。くれぐれも嘘をついたり誤魔化したりしないように。

## 面談の心得

### 【1】下手な言い訳はしない

例えば、開業計画書を見ながら「ここはこう書いてありますが、どういうことですか？」なんて質問が飛んでくることがある。もちろん普通に答えられれば問題はないが、もしかすると（マズイ…）と思っている点を突かれるかもしれない。そこで「えっと、そっそれは、そのですね」みたいに、しどろもどろになっちゃダメ。向こうもプロだから「今こいつは言い訳を考えてるな」ということを肌で感じるだろう。さらにツジツマの合わないことを語り始めたら、せっかく創り上げた開業計画書もパーになる。
わからないことはわからない。決まってないことは決まってない。だからちょっと自信ありげに「そうですね。そこはとても大切なことなので、慎重に検討しているところです」と伝えて、その場を切り抜けよう。

### 【2】情熱より理論で

面談に「気合い」や「熱い語り」などは一切必要ない。「俺、とにかく頑張りますから信じてください！」的な、感情爆発トークは逆に相手を不安がらせてしまうだろう。
相手が知りたいのは、「この人は本当にちゃんと返済することができるか」ということに尽きる。「返済には問題ない」ということを冷静に、また理論的に説明できればいい。

方法2　POINT. 5
# 「融資契約」をしてお金が振り込まれる

面談が終わったら、後は結果を待つばかり。通常、結果報告は電話でおこなわれる。
もしめでたく融資が決まった場合は、契約書を提出して、数日後には口座にお金が振り込まれる。
ダメだった場合。「ちょっと厳しいですね」と断られた場合でも、すぐにあきらめないこと。「どこらへんが問題でしたか？」と質問し、突破口を探してみる。「もう一人、保証人様がいらっしゃれば…」みたいに条件を出してくれたら、できる限りの手を尽くし、最低限の金額でも融資してもらうように頑張ってみよう。

方法2　POINT. 6

# 借りたその後に

さ～て、お金は集まった。これでお店が出せるぞ！　よっしゃー！　とウキウキするのはわかるけど、はやる気持ちをグッとこらえて、ちょっとだけ聞いてほしい。3つだけ大切な注意点があるんだ。

## 【1】担当者に挨拶の電話をする

初めての面談からずっとお世話になった担当者に電話をかけて「このたびはありがとうございました。これからもよろしくお願いします」と簡単に挨拶しておこう。融資の結果を教えてくれたのが担当者本人だったら、もちろんその時に。こういう細かいケアが、後々何かあった時に影響してくるんだ。

## 【2】資料や重要書類は大切に保管する

融資に関する全ての資料、全ての契約関係書類は、ひとつのファイルにまとめて、しっかり保管しておこう。今後、何かと必要になることがある。

## 【3】融資は間違いなく「開業資金」として使う

自分の口座に振り込まれたお金を、決して違うことに使わない。そのお金はあくまでも「開業資金」として借りているので、1円でも間違った使い方をすると後で大きなトラブルになる。詳しくは次の章の「経理」で説明しているので要チェック。

実際にお金を集める：方法3

# コツコツ貯金する

「月にいくらずつ貯金して、最終的には何年でいくら貯金する」という計画をもとに、なるべく給料が高く、なるべく将来「自分の店」に役立つ職場を選び、お金と経験をコツコツ貯めていく方法もある。以下のポイントを参考にして、自分なりの貯金計画を立ててみよう。

**【SAVE MONEY PLAN】**

【最終的にはいくら貯めるの？】

……………………万円

【月にいくらずつ貯金して、何年で貯め終わるの？】

月に…………円貯金…………年で終了

【そうするためには、月にいくら稼ぐ必要があるの？】

月に…………円稼ぐ

【今の月収で予定どおり貯金できるの？　足りなければ、いくら足りないの？】

貯金できる・貯金できない

予定どおり貯金するためには…………円足りない

【その足りない分を稼ぐために、転職する？　それともWワークする？】

転職する・Wワークする

【いつから貯金を始めるの？】

……年……月から

**さあ、自分なりの「資金集め作戦」を練り上がったら、**
**さっそく実行に移していこう！**

COOL PLAN&HOT ACTION!
GO TO THE NEXT STAGE

ACTION
4

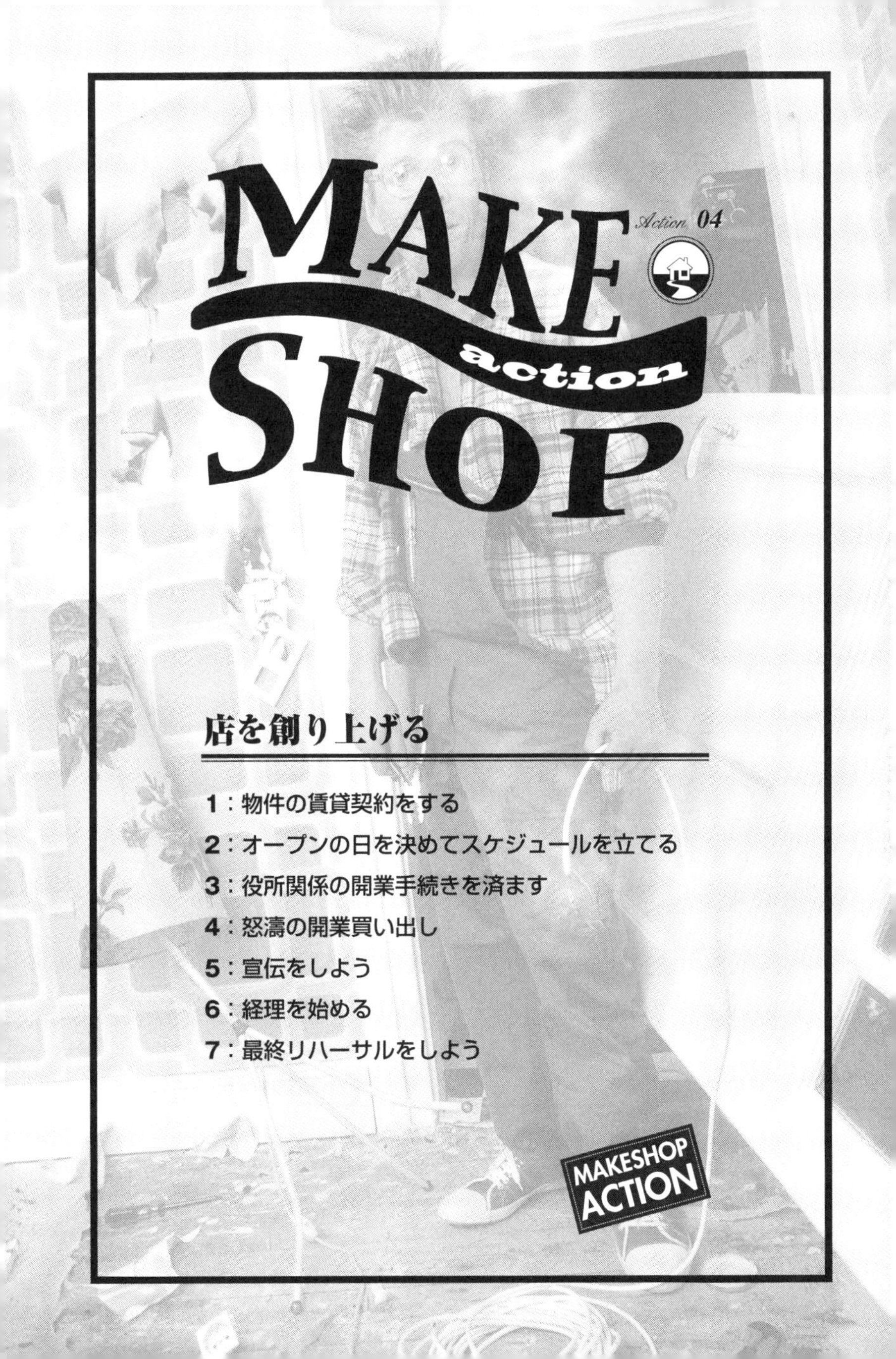

# MAKE action SHOP

Action 04

## 店を創り上げる


1：物件の賃貸契約をする

2：オープンの日を決めてスケジュールを立てる

3：役所関係の開業手続きを済ます

4：怒濤の開業買い出し

5：宣伝をしよう

6：経理を始める

7：最終リハーサルをしよう


MAKESHOP ACTION

# さあ、金は集まった。
# いよいよ店創りが始まるぜ！

この＜ＭＡＫＥ　ＳＨＯＰ＞の章は、お金を集め終えてから、無事に「オープン日」を迎えるまでの期間、つまり「開業準備期間」の話になる。
まずはキープしていた物件を正式に契約することから始め、膨大な量の商品や材料の買い出し、内装と外装の飾りつけ、役所の開業手続き、経理の勉強、店の宣伝キャンペーン、開店直前の最終リハーサルなどなど、目が回るほどの忙しさだ。でも、ここからの仕事はすごく楽しい。寝る間も惜しいくらいだろう。今までの努力の結晶となる記念すべきグランドオープンの日が目前なんだからね。ここからは「ずっと思い描いてきた理想」に徹底的にこだわりながら、世界一カッコイイ店を創り上げていこう。

# 1 物件の賃貸契約をする

まずは、物件を手に入れるまでの注意点。
保証金や家賃などを支払い、正式な契約書を交わすというダンドリは普通だけど、アパートやマンションの賃貸契約と比べて、動く金額が大きく、契約に関する言葉も難しい。
ちゃんと意味を理解せず、危なっかしい契約書にハンコを押さないように注意したい。契約書には、知らないと思わぬ大損をコイてしまう多くのトリックが潜んでいる。そのトリックを見抜くためのポイントをいくつか紹介しよう。

物件の賃貸契約をする　**POINT. 1**

## 契約時の掟

契約はおそらく不動産屋で行われる。念には念を入れて、その場で印鑑は押さない。「ゆっくり検討したいので」と断り、契約書は必ず一度持ち帰ること。自分でじっくりチェックするのはもちろん、なるべく不動産について詳しい人（店や会社の経営者、不動産関係の仕事をしている人）に一度見てもらい、疑問点や注意点をクリアにしてほしい。
万が一、契約を急がされたり、契約書を持ち帰らせてくれない場合、それはなおさら危ないので絶対に印鑑を押さないこと。不動産屋は契約のプロだ。その気になれば、ネガティブな条件を隠したまま、不利な条件で契約させることなんて簡単にできる。
良心的な人がほとんどだけど、そうじゃない人も時々いる。「ゆっくり検討する時間がほしい」という姿勢を貫くことは大切だ。今のことに精一杯で、先のことなんて考えられないだろうけど、契約はできるだけ慎重に。

物件の賃貸契約をする　**POINT. 2**

# 契約書のチェックポイント＆用語解説

「契約書」といっても、実にさまざまなタイプがある。本音を言うと「ここだけ押さえればオーケー！」とは決められないので、最終的には、契約について詳しい人や専門書を参考にしながら、自分なりに研究してほしい。以下は簡単なポイントだ。

## 保証金の償却

＜ＦＩＮＤ　ＳＰＡＣＥ＞の章でも一度解説したが、念のためにもう一度。償却とは簡単に言ってしまうと、「預けた保証金の中から、大家さんの財布に入ってしまうお金」のことだ。物件を解約するときは、保証金の全額から「店舗を借りた状態に戻す＝現状回復」の費用と、この「保証金償却」が引かれることになる。

## 契約期間と更新料の金額

契約期間（通常2年間または3年間）が切れて、契約をさらに更新する場合は、記載された更新料を払わなければいけない。更新料は「家賃の一ヵ月分」が妥当な線だ。これより高かったら、値切ってみたほうがいい。

## 退室時の条件

たいてい「契約を解消する＝店をやめる」時に、「現状回復の義務」と言って、物件を借りた時と同じ状態に戻す義務がある。それは仕方ないとしても、さらに「退室時に退室金として100万円を支払う」みたいに、意味不明な条件が付いてる場合がある。とにかく余計な金は払ってはいけない。心に固く誓おう。

## 備品／空調などの修理費負担

エアコンや照明器具など、前のオーナーが残していった設備があれば、あなたがそれらを引き継ぐことができるわけだが、問題はその設備が故障してしまったとき。その修理費は「不動産屋が全額負担」するのか、「自分が全額負担する」のか、「お互いに折半するのか」契約の段階で明らかにしておこう。なるべく全額負担だけは避けたい。折半にできればいい線だろう。

## 家賃の値上げ

契約書の中に「貸す側の都合で、自由に家賃を上げることができる」的な意味の文章が書かれていないか、一応チェックする。もしあったらその事項は絶対に取り消してもらおう。自由に家賃を上げられたら困るし、後からバカ高い家賃を要求されても困る。いくら「知らなかった」とアピールしても、契約書にサインしてハンコ押したらおしまい。家賃をバカみたいに上げられても、文句を言えなくなる。

# 2 オープンの日を決めてスケジュールを立てる

物件の正式な契約を終え、店の鍵を手に入れたあなたが、まず一番はじめにすること。それは、「伝説が始まる日＝自分の店がオープンする日」を決めることだ。買い出し、工事、改装、申請、練習、宣伝などなど…やるべきことはたくさんある。計画書を見ながら綿密なスケジュールを立て、日取りには余裕を持たせよう。

開業準備に関しては、細かい説明よりも、実際の流れを追った方がよくわかるだろう。
そこで、例として「ある飲食店経営者」の体験談を紹介する。開業準備に必要なエッセンスが凝縮されているはずだ。

## → EXPERIENCE

### 御座成呑樹さん（仮名）の場合　開業時25歳　居酒屋経営

俺は友人と一緒に、錦糸町で居酒屋を経営している。
今でこそ順調だが、開業する前は本当にヒドイものだった。
まず、たいした計画も立てずにいきなり物件を借りてしまった。物件が手に入ったはいいけど、何から手をつけていいのかさっぱり分からない。それなのに、俺も友人も別の仕事が忙しいという理由で、なかなか具体的に動き出さず、ただ頭の中で「考えてる」状態だけが続いた。設備や材料、工事などの費用はもちろん、仕入先も何ひとつ調べていなかった。それでも「なんとかなるだろう」って安心していたのは、二人とも居酒屋での勤務経験が十分にあったからだ。
話し合いだっていい加減なもの。あれはこうしよう、それはここに置こう、みたいな簡単なことだけを話し合い、後はダラダラするばかり。決まったことと言えば開店日だけで、それにしても何も考えず「2週間後でいいだろう」みたいな感じで決めた。
今思うとホントに馬鹿だと思う。2週間なんて間に合うわけない。でもただ「1日も早く売上が欲しい」とか「家賃がもったいない」とか、そんな理由で2週間後に決定した。ムチャクチャだ。

そこで、ようやく重い腰を上げ、内装に取りかかった。まずは店の中心となるカウンターの取り付けをしようと思い、業者の人に来てもらい、「こんなふうにしてほしい」というイメージを伝えた。人づてに聞いた話だと、カウンターの予算は100万円くらいだろうということで、見積りは取ってなかったんだけど、その業者さんから「300万円ですね、とりあえず300万円あれば、何とかできます」と言われた。ガーン、予想の3倍じゃん。業者さんが帰ったあと、俺たちは空っぽの物件の中でひたすら呆然。300万円なんて大金は用意してなかったし、かといって店にカウンター無しってわけにもいかない…。そこでさんざん考え抜いた挙句、「カウンターは自分たちで創ろう」ということになった。

図面を引いて、板と工具を買ってきて、慣れない大工仕事をスタート…時間だけがガンガン過ぎていく…。でも、とにかくやるしかなかった。「自分の店のためだから頑張ろう！」とか「オープンの日が待ち遠しい」みたいなポジティブな気持ちはゼロ。「1日でもいいから時間が欲しいよお」みたないダークなつぶやきだけがあった。

メニューもまだだったので、とりあえずデタラメに決めて、後は必死に調理の練習だけを繰り返した。そんなわけで最後の数日は、家にも帰れず、寝袋を持って泊り込み。徹夜作業の後、そのまま店で眠っていたところを、食材の業者さんに起こされたこともある。

という具合にバタバタしながら、いよいよオープン当日。本来ならここでほっと胸をなでおろすところなんだけど、さらにここでとんでもないハプニングが起きた。なんとオープン当日の朝にもなって、保健所に開業許可の申請をしていなかったんだ。知らなかったわけじゃない。後回しにしているうちに、つい忘れてしまったんだ。

おそるおそる保健所に電話をかけたら、案の定ムチャクチャ怒られた。「とにかくそんな急に言われても、許可なんて出せませんから」そりゃそうだ。

でもここで引き下がるわけにはいかない。すでに大勢の人にオープンの告知をしてしまっている。ワラにもすがる思いで、しつこく電話をかける。電話はどんどんたらい回しにされて、何回目かにようやく「とにかく書類を持ってきなさい」ということになった。すぐに飛んでいったが、保健所に着くと、みんなから冷たい目で見られた。で、説教タイムの開始。申請が遅れたことはもちろん、しつこく電話したこと、保健所のプライドを傷つけたことなどをクドクド怒られて、おまけに「そんな人間がやる店なんて、すぐ潰れるに決まってる。世の中をナメてんのか！」なんてことまで言われる始末。散々だった。

でも説教をするだけして、許可は出してくれなかった。「規則だから」を連呼して、全く融通きかない。俺は完全に困り果てた。ちょっと涙目にもなった。

すると一人のオジサンが同情してくれたのか、「今から見に行ってやるよ」と帰り支度を始め、そのまま俺の店に来てくれた。で、許可もちゃんとくれた。最高に助かった。

開店時間が6時だったので、なんとか1時間遅れでスタートできた。でも俺はもう疲れ切っちゃって「オープン記念パーティー」どころじゃなかった。店を見渡しても足りないものだらけで、レジの代わりにクッキーの缶だし、メニューはコンビニのコピーだし、宣伝もいまいちだったから、お客さんの数もかなり寂しかった。

そんな悪夢の日から1年間は、遅れを取り戻すためにとにかく頑張った。盆も正月も無くメニューを考え直したり、いろんな備品を買い直したり、設備を作り直したり。結果的に、開業前はずいぶん無駄なことをした。今だから笑えるけど、あのまま店が潰れていたらたぶん一生後悔していたと思う。
最大の敗因は、ろくに計画を立てなかったこと。「なんとかなるさ」なんて、とんでもない。いくら頭で考えても、考えたりないくらい。実際、店を始めようとすると、予想もつかない問題がわんさか出てくる。
俺の場合は、本当に悲惨だった。

**いかがかな？　これはまさしく地獄バージョンだ。**

次は、反対に天国バージョンを紹介しよう。楽しく準備して、ちゃんとオープンできたハッピーストーリー。

## → EXPERIENCE

### 段取大輔さん（仮名）の場合　開業時20歳　レストランバー経営

**～開業準備編～**

大学2年生の時に、仲間3人と小さな店を開いた。
必死に資金を集めてから数日、無事に不動産屋と契約を済ませ、初めて仲間と一緒に店に入った時のことは今でも忘れない。
まだ手つかずのその物件はえらく汚れていて、「まずは掃除しよう」とか言いながら、近くのコンビニで買ったジュースを飲んだ。素晴らしい時間が流れていた。「すごいことになったよな」「ここが俺らの店になるんだ」なんて言葉は恥ずかしくて口にできなかったけど、俺たちは興奮していたし、満ち足りていた。
感極まって目を潤ませていた一人が、おもむろに店の照明を落とし、ゆっくりとした音楽をかけた。恵まれた条件の居抜き物件だったから、音響設備とか照明器具とかがまるまる残っていたんだ。しばらく音楽に耳を澄ませていると、その汚い物件が一瞬で「すてきなお店」に早変わりした。いや、実際には何も変わってなかったんだけど、ちょっとした感動モードに入っていた俺たちには、とんでもなくカッコいい店に見えたんだ。

夢見心地もつかの間、すぐお互いに「やるべきこと」を分担し、それぞれ取りかかった。それからの毎日はずっと店にいた。家に帰れないほど忙しかったわけじゃないけど、お互いになんとなくその場を離れなかった。今考えると、ちょっと変な感じだけどね。
許可関係は思ったよりも簡単だった。
保健所のオバサンは「あら、ずいぶん若いのに頑張るわねえ」なんて応援してくれたし、食品衛生責任者講習は、準備の疲れでウトウトしてたけどちゃんと資格をくれた。とにかく余裕があった。スタッフの人数も揃っていたし、準備期間は20日間だったけど仕事も少なかったと思う。それでも新しい問題が起きると、仲間で膝をつき合わせて何度でも話し合った。
楽しい店創りが終わり、開店の3日前になると、みんなで一斉にチラシ配りを始めた。女の子の友だちなんかにも手伝ってもらった。路上のチラシ配りはみんな初めての経験だった。しかしチラシ配りを本職にしている人と比べても、全然負けてなかったと思う。俺たちは、とにかく真剣だった。歩いている人のどの角度に、どのタイミングで差し出せば受け取ってくれるか。そんなことも熱心に話し合った。
友だちにもいっぱいメールや電話をして、俺たちの店のオープンを知らせた。友だちは興奮したり感心したりと反応は様々で、いずれも「絶対行くよ！」と約束してくれた。
開店日は超満員。友だちだけでもすごい数だった。さらにチラシを見たお客さんもかなり来てくれた。滑り出しとしては申し分ない。
もちろん問題もあった。料理を出す順番が悪い、お会計がもたつく、洗いモノが片付かないなどの手際の悪さは、開店前に解消できることだった。でもトータルで見れば、大満足の結果だった。
その後も、店の経営は順調に伸びた。現在は新しい店を始めたので、運営を後輩にまかせてしまっているが、たまに俺が客としてその店に飲みに行くと、いかにも懐かしい顔ぶれが揃っている。そしていつも昔話で盛り上がり、ついたくさん飲みすぎてしまう。でもこういう時間が一番幸せだと思っている。
何かを創っている、という実感が常にある。自分で考えたことを自分で決められる。そしてそれが「自分の店」というカタチになってこの世に生まれる。最高の喜びだろう。

## どう？　天国と地獄、その境界線はまさに紙一重。

「なんとかなる」と楽観視するか、「なんとかしなきゃ」と責任を感じるか、それによって結果は大きく変わる。特に、「オープンの日の設定＝開店の準備期間」をどう決めるかが重要だ。そこでオープンの日を決める上で、最優先するべきことは…。

## 【1】工事期間

内装工事や外装工事を「業者に依頼する」場合、こちらの一方的な都合でスケジュールを決められない。希望を言うことはできるが、業者にもスケジュールがあるので、必ず希望通りにしてくれるとは限らない。だからオープンの日を決める前に、もう一度見積りをくれた業者に電話をかけ、「工事期間」についてよく話し合おう。そこでハッキリさせることは「いつからできるか？」と「いつまでかかるか？」の2点だ。もちろんまだ「いくらかかるか？」すら知らなければ、それも必ず確認しておくこと。

## 【2】申請期間

要は「店を開いてもいいよ」という許可をもらうための手続き。難しそうな感じがするけど、別にたいしたことはなく、たいしたことはないが、ナメてかかると痛い目にある。役所の申請とはそんなものだ。
飲食店を例にとると、申請先は「保健所」「消防署」の2ヶ所。もし深夜営業もするなら「警察署」も含まれる。このうち「消防署」と「警察署」の許可は、それほど手間も時間もかからない。「保健所」だけは特殊で、申請するために「食品衛生責任者」という資格が必要になる。前もって頭に入れておきたい。
「食品衛生責任者の資格」なんていうと、なんか1年くらい専門学校に通わなきゃいけないような感じがするけど、実際に2日間の講習さえ受ければ取れる。講習の内容はバイ菌の話がメイン。トキメキは無いけど、ときどき笑える。そんな楽勝な資格。

# 3 役所関係の開業手続きを済ます

「自分の店」を始めるためには、いくつかの手続きや資格が必要になる。そして、その内容は「何を売る店なのか」によって、本当にさまざまだ。
建物関係の「消防署」と税金関係の「税務署」には、ほぼどんなタイプの店でも許可を取る必要がある。それに加えて、飲食店・美容室などは「保健所」、ペットショップなどは「区役所・市役所」、リサイクルショップなどは「警察署」、各種レンタルショップは「著作権協会」などから許可をもらわなきゃいけない。申請する際になにかしらの「資格」を求められる場合もある。逆に許可も申請もいらない業種もたくさんある。
この本では「飲食店」を例にとって話を進めるが、飲食店以外の店をやりたい人はとりあえず手続きの流れだけをつかんでもらって、後は詳しい人に聞いたり、専門書やホームページを調べて、それぞれの申請先を確かめてほしい。

オープン前にやることって、結構いろいろあるね。配管工事はいつまで、壁の工事はいつまで、この日は保健所、この日は消防署に行ってそれから…。いくつもの準備が同時に進行するわけだから、けっこう混乱するもの。特に友だちと役割分担すると、さらに混乱するだろう。「お前がやると思ってたよ！」「俺もだよ！」「バカ！」「アホ！」…なんてことにならないように、ちゃんとスケジュール表を作って、そこに「担当者」と「やること」を書き入れよう。もちろんスケジュール表の最後に書くのは「オープンの日」。

## まずは最大の難関、保健所から許可をもらう

（以下は、2003年東京都の食品衛生協会を参考にしている。地域によって異なる場合があるので他県で店を始める人は、それぞれの地域の保健所で確認してほしい）

### 【1】食品衛生責任者の資格を取る

飲食店には最低一人の「食品衛生責任者」を置く義務がある。
資格といっても別に難しくはなく、2日間の講習に参加すれば誰でも取れる。でも、場合によっちゃ「1ヵ月先まで予約いっぱい」という事もあるので、店を出す場所が決まったら、すぐにでも申し込もう。まずは管轄の保健所に電話して「食品衛生責任者の資格を取りたいんですけど」と伝えることから始める。

**注1**　「予約を取れない」などの理由でどうしても開店日に間に合わない時は、保健所に「誓約書」を提出することによって、いちおうオープンすることができる。それは「3ヵ月以内に必ず講習を受ける」という誓約書だ。ありがたいシステムだけど、できることなら避けたい。開店したての多忙な時期に、2日間の講習を受けるのはしんどいからだ。

**注2**　栄養士、調理師、製菓衛生士、食品衛生管理者の資格を持っている人は、食品衛生責任者の資格を持っていると見なされる。特に講習を受ける必要はない。

### 【2】営業許可の申請

許可が下りるまでの間、しばらくは保健所の人とお付き合いを。

#### 1　事前相談

店を出す場所が決まったら、工事に入る前に、まずは管轄の保健所へ行っ

て「事前相談」をしよう。そこで大まかな店の設計図（簡単な見取り図）を見せ、許可が下りそうかどうかチェックしてもらうんだ。あまり厳しいことは言われないと思うけど、もし細かく指摘されるとしたら水回りのことだろう。衛生上、洗面台の位置や数についてはちょっとうるさい。また、物件の給水システムによっては、まれに水質検査を求められる場合がある。いずれにしてももし難しい話が出てきたら、保健所の人に根ほり葉ほりたずねる。で、だんだん話に飽きてきたら、申請用紙をもらってさっさと帰ろう。

### 2 申請

「内装工事が完成する一週間ほど前」のタイミングで申請書を書き、再び保健所へ出向こう。持っていくモノは以下のとおり。

**・申請書**

**・営業設備の概要・配置図（各2枚）**

**・印鑑**

**・申請手数料（￥1,500）**

※事前相談の際「水質検査」「検便」などを求められた場合、その診断書も持っていく。

### 3 検査

検査でＯＫが出れば「許可が下りた」ということで、許可証を発行してもらえる。まずはひと安心。しかし許可証の作成には数日かかるので、開店日に間に合うように保健所の人と話し合う。ちなみに、許可証はなぜかずっと店の壁に貼らないといけない。貼ってないと無許可と同じことらしい。ウーン、お役所！

### 4 許可証交付

印鑑を持って、許可証をもらいに行く。これでホントに安心。

以上が営業許可をＧＥＴするまでの道のり。合計3回は保健所へ足を運ぶことになる。
なかなか大変だけど、計画書を創ったり、お金を集める苦労にくらべればオナラみたいなものだ。

**★注意**

物件を借りる前に、他の誰かが開業していた場合、ちゃんと「廃業届」が出ているかどうか保健所で確認しよう。前に借りていた人が廃業手続きをしていないと、営業許可が下りないから要注意。同じ物件に2つの営業許可は出さない。それが保健所だ。

## 【消防署から許可をもらう】

消防署には「消防上安全な店である」ことを証明してもらう。基本的には建物の構造・規模に見合った消防設備（消火器、誘導灯など）が確認できればいい。消防設備は、たいていどの物件にも最初から備わっていると思う。とりあえず消防署に電話して、「自分の店」の建物について説明し、大まかな要領がつかめたら許可申請する。申請に必要なモノは、店の間取り図。保健所に提出したのと同レベルのモノで大丈夫だ。
申請は「開業一週間前」までに行く。そして改装工事が終わっていれば、保健所と同じように店にきてもらう。この検査がＯＫだったら、許可が下りるというわけ。
許可のポイントは店そのものよりも、建物の構造や規模が問題になるので、もしダメそうだったら、具体的に何をすればいいのかしっかり聞いておこう。

## 【警察署から許可をもらう（深夜営業をする場合）】

居酒屋・バーには夜中から朝まで営業している店が多い。これが「深夜営業」で、正確に言うと午前零時から日の出までの営業のこと。もし「自分の店」の営業時間がその時間帯に当てはまる場合は、警察（公安委員会）に申請し、許可を得る必要がある。
「警察」と聞いて、ドキっとした人もいるかもしれない。でも大丈夫、この決まり事は主に「エッチなお店」を取り締まるのが目的だから、まずしくじることはない。電話して、持ち物と場所を聞き、担当者に直接会いにいく、という今までどおりのやり方でＯＫだ。

**〈必要なモノ〉**

**①店内図**

（保健所に提出したのと同レベルで、客席の配置についても記載されているモノ）

**②あなたの住民票**

（本籍、同居人が記載されているモノ）

**③営業許可証のコピー**

**④申請書2通**

上の4点を3部ずつ用意（コピー可）して、管轄の警察（公安委員会）に持っていく。書類に不備がなければ「風俗営業の許可」が下りる。「風俗」なんて言うと、またちょっとエッチな感じがするけど、別に変な目で見られることはない。
ちなみに許可申請のリミットは特にない。開業前ならいつでも大丈夫だろう。

### check 01

深夜営業をするためには、もうひとつクリアすべき条件がある。それは「自分の店」の地域タイプだ。もしそこが「商業地域」または「近隣商業地域」などのエリアであれば特に問題はない。しかし住宅地のように夜は静まり返っている地域だと、そこは深夜営業を禁じられているかもしれない。まずは近辺に深夜営業の店があるか確認し、見あたらない場合は都道府県庁の「地域計画部・都市計画課」に問い合わせてみよう。

### check 02

開業した後は「税務署」への申請も必要になる。ただ申請のタイムリミットが「開店日から1ヵ月後」と「開店日から2ヵ月後」の2種類あるので、とりあえず「1ヵ月以内」だと思っておけば問題ない。ただ税金関係については開業準備とあまり関係ないので、後に出てくる「経理」のページで詳しく紹介しよう。

## 最後に確認！

飲食店を始める場合は「保健所」と「消防署」、必要ならば「警察」に申請。開店後は「税務署」に申請。わからないことがあれば、電話をして聞く。後は行動あるのみ。

# 4 怒濤の開業買い出し

さあ、これからは内外装の材料、備品、商品などをたっぷりと買い出しにいく。これはすごく気持ちいい。信じられない大金をブワアアアッと使う。個人の買い物では決して味わえない豪快さがあるはずだ。豪快すぎて、お金が無くなるかもしれない。テーブルにこだわりすぎて、椅子が買えなくなるかもしれない。そんなことあっては絶対にいけないので、常に手持ちのお金を確かめつつ「絶対に買わなきゃいけないモノ」から順番に買っていこう。＜ＲＥＳＥＡＲＣＨ＞の章で集めた見積書や、自分で創った計画書が参考になるはずだ。

注意したいのはもう一点。買い物をする前に「店の財布」を作っておこう。店関係のモノを買うときはそこからお金を出し、そこへお釣りと領収書を入れる。領収書は絶対にもらう。「経理」に関係してくるので、何があっても絶対にもらう。

準備はＯＫかな？

**じゃ、ブワアアアアッと買い物しちゃおう！**

# 飲食店の menu book

## 飲食店のメニューブック

あなたの店にメニューが必要ならば、思いっきり力を入れて創ろう。
ボールペンで手書きしたものを、プラスチックケースに入れてあるだけ、というメニューをよく見かけるけど…どうも魅力がない。
メニューは、売上に大きく影響する。たいていのお客さんは、実物ではなくメニューを見て注文する。そして、注文した時点で「お金を払う」約束をしている。頭に浮かぶ「視覚のイメージ」と、口に広がる「味のイメージ」に対してお金を払ってくれるわけだ。
そう考えると、お客さんにいいイメージを湧かせることができれば、メニューとしての役割を十分に果たしたと言える。

### 視覚のイメージ

食べたことも見たこともない料理を、お客さんの頭の中にスパーンと描く。おいしそうな写真やイラストがあって、食べたくなるようなネーミングと説明がある。そんな視覚に訴えかけるようなイカしたメニューを創りたい。写真やイラストは得意な人にお願いするとして、あなたが特に知恵を絞るべきは料理のネーミングや説明だ。
たとえば**「オムライス」**と**「地上最大恐怖の危険オムライス」**では、お客さんに与える刺激が全然違う。

地上最大…そんなに大きいのか。恐怖？　大きすぎて食べられない、食べ物を無駄にしてしまうかもしれない、そんな恐怖？　危険、危険、危険なオムライスって何だろう？　腹を壊すってことか？　そんなに大きいのか、やだなあ、でもすごそうだなあ。どれくらい大きいのが出てくるのかな、ああ、ちょっと見てみたい。話のネタにもなりそうだしな…。

## 味のイメージ

味をダイレクトに伝えるだけなら「甘い」「辛い」って書けばいいけど、それだけじゃ素っ気無いし、お客さんの食欲をあまり刺激しない。まるで実際に味わっているかのようなイメージを文字にしよう。

**「ケチャップをかけたオムライス。ほんのり甘いです」**だと、見た目は伝わるけど、味に関していまいち。

**「あつあつの自家製トマトソースをたっぷりかけたオムライス。口の中でとろけます」**はどうだろう。

自家製トマトソース…トマトソースか、そうだよな、オムライスってそういう味だったよな…危険なくらい大きいんだから、そりゃたっぷりだよなあ、でもなんかそそられる響き。たっぷりたっぷりたっぷり…ああ頭の中をかけめぐる！　ああ！　すいません「地上最大恐怖の危険オムライス」ください！

これで一丁上がり。

よくできたメニューは、店をより豊かにしてくれる。「どうせお客さんの、飲み食いする量は決まってる。別にメニューは関係ないよ」と思うかもしれない。でもそれは違う。メニューの質が高いと、「もう一品頼もう」というお客さんが増える。この「もう一品」がとても大きい。お客さん一人につき一品ずつ多く注文するだけで、店の売上は大きく上がる。年間トータルで計算すれば、もう一軒店を出せるくらいになるかもしれない。

メニューの大事さがわかったら、いろんな店を訪れて、どんなメニューを出しているのか調査しよう。料理の味が伝わるか、美味しそうか、ヨダレは出るか、そして出された料理は、そのイメージを裏切らない魅力的な味だったか。

お手本となるメニューは覚えて帰り、「自分の店」のメニューの参考にしよう。メニュー創りは、予想外に時間がかかるので早い段階から取りかかっておくこと。オープン当日になって、「やばい！　まだメニューができてない！」ではマズい。

# 5 宣伝をしよう

物件の鍵を受け取ってからの毎日は、はっきりいってムチャクチャ忙しいだろう。その忙しさにまぎれて忘れやすいのがコレ、宣伝だ。
オープンしたての頃は、ほとんど誰も「自分の店」の存在を知らない。でもいい店だから、きっと黙っててもお客さんは集まってくるだろう。イヤイヤ、それは絶対に違う。自分自身が「サイコーだ！」と思える店を必死で創り上げたからこそ、自分から積極的に「自分の店」を宣伝していこうじゃないか。個性的なグッズを用意して、アイディアを振り絞り、ヒマを見つけたら迷わず宣伝に出かけよう。

## 【1】「友だちを呼ぶ」

人生の記念すべき出発の日、あなたがヒーローになれる日。店のオープン日はできるだけ派手で華やかで盛大であってほしい。友だちが大勢駆けつけてくれて、花束やご祝儀をわんさかもらい、店内を熱気と興奮で満たしてほしい。ワイワイ、ガヤガヤ。主人公であるあなたは最高の気分を味わえるはずだ。
言うまでもなく、友だちはひたすら呼ぼう。仲のいい友だちはすべてに声をかけよう。あまり親しくない友だちも呼ぼう。あまり好きじゃない「知人」も、「友だち」にしてしまうから人間は恐ろしい。恐ろしいけど、呼んじゃおう。
招待状の文面には「絶対来い！」というハッキリした要求をする。結婚式は来なくてもいいけど、オープンの日だけは必ず、くらいの勢いがほしいものだ。招待状をポストに投函したあと、相手に届いた頃を見計らってさらに電話でプッシュ。「招待状、見てくれた？」「その日、都合どう？」「サービスするからさ」「懐かしい友だちもいっぱいくるから、楽しいと思うよ」「せっかく店出すんだからさ、見にくるくらい見にきてもいいじゃん」という感じで。あんまり呼んだら店に入りきらないんじゃないか？　なんて心配は一切捨てて、できるだけ大勢来てもらう。開店日なんて、ひっきりなく行列ができるくらいでちょうどいいもんだ。

## 【2】「一般人を誘う」

もちろん友だちだけを集めても、オープン日を派手に飾ることはできる。でも友人、知人オンリーっていうのも、ちょっと寂しい。かといってオープン当日に一般の人を呼ぶのはなかなか難しい。入ったことが無い店に入るのって、それなりに勇気がいるからね。普通の人だったらあえて冒険はせず、なじみの店で用を済ますだろう。

何とかしなきゃ。そうだ。何か「うまみ」があれば、みんな興味を持って来てくれるかもしれない。というわけで「オープニングキャンペーン」を考えてみよう。期間限定、先着順にプレゼント、半額セール、すべて無料など、一般人の欲望をくすぐるようなエサを用意する。お笑いの世界でいう「つかみ」ってヤツだ。「とにかく一度でも店に来てもらう」のが目的なので、期間限定だったら、極端なサービスをブチかましてもいい。

うまくおびき寄せることができたら、そこからが勝負。「開店したばかりなので、これからよろしくお願いしまーす」とひと声かける。このひと言があるだけで全然違う。キャンペーンの魅力だけでは、店は繁盛しない。あくまでもキャンペーンは「きっかけ」で、そこからお客さんと交流するのが大事なんだ。

ところで、キャンペーンの景品に困ったとき、意外に使えるのが「業者さんがくれるグッズ」。どこかの仕入業者と契約するときに「キャンペーンを計画してるんですけど、なにか使えるモノありませんかねえ？」と聞いてみる。ボールペン、タオル、帽子など、業者はけっこう色んなグッズを持っていたりする。また外装に使えるネオンなんかも、買うと高いものだけど、生ビールを契約するとただで貸してくれることがある。コースター、グラス、灰皿などの消耗品をもらえることもある。

割引券や無料券を大量に配ると、今後の売上に負担がかかるが、業者からタダでもらったものを配るだけならノーリスク。言う事なし。というわけで、ちょっと業者にオネダリしてみよう。しつこく頼めば「オーナーにはかなわないなあ」と、きっと何かくれる。業者にとってみれば、こっちは一応お客さんなんだからね。

## 【3】「マスコミに売り込む」

怒涛のオープンから一段落すると、急激にお客さんが減ることがある。でもこれはよくあることなので、不安になることはない。そんな時期は「マスコミへのアピール期間」として有効活用しよう。新しく開店する店はマスコミの食いつきもいいので、この機会を逃がす手はない。「あの雑誌（テレビ）で紹介されてから、急にお客さんが増えて…」なんて話はザラにある。広告を出すと高いお金がかかるので、まずはタダで紹介してもらうことを考えよう。
「こんな店が新しくオープンしたので、ぜひ紹介してほしい」という内容の資料（プレスリリース）を持って、ガンガン売り込みまくるんだ。手順は以下のとおり。

## マスコミへの売り込みに必要なもの

### ①挨拶文

「店を紹介してもらいたくて、資料を送りました。○○○といったかなりいい感じの店なので、話題に取り上げたらきっと面白いと思います。ぜひよろしく」的な内容を盛り込んだ挨拶文を一枚の紙っぺらに書く。

### ②お店の情報をまとめた資料

「自分の店」の基本データをまとめる。

**・店名＆冠**

・営業時間＆定休日
・住所＆電話番号＆ホームページアドレス
・地図＆アクセス説明
・客層
・駐車場の有無

### ③店内風景・オススメ商品の写真・店員の写真

雑誌にお店の紹介記事が掲載される場合、写真はたいてい「店内の様子」「おすすめの商品」の2枚が使われる。ときどき「店員の顔」が使われることもある。そこで、前もって3種類の写真をそれぞれ数パターン用意しておこう。

### ④『マスコミ電話帳』という本

世の中には実に便利な電話帳が売られている。『マスコミ電話帳』といって、そこには新聞社やテレビ局はもちろん、各雑誌の編集部から地方新聞やフリーペーパーの編集部まで、ありとあらゆる媒体の連絡先が網羅されている。この『マスコミ電話帳』は大きめの本屋ならたいてい置いてあるだろう。

**→ BOOK GUIDE**

DATA

**『宣伝会議別冊　マスコミ電話帳』**

発行　株式会社宣伝会議

### ⑤メニューブックのコピー

「自分の店」の様子を伝えるには、メニューのコピーを見せるのが一番手っ取り早い。
10ページ以上もあるような分厚いメニューブックなら短くまとめる必要があるが、3、4ページのものだったら、そのままコピーして同封しよう。

### ⑥店のチラシ

宣伝用に使っているチラシも同封する。これも店の内容を伝えるのに適したグッズ。

### ⑦ＰＲ資料

売り込み先ごとに必要な書類。詳しくは以下で解説する。

### ⑧封筒＆切手

当り前だけど郵送するために必要なもの。ちょっと変わったデザインの封筒を使ったら、もしかするとマスコミの目を引くかもしれない。

## 売り込み方法

「ダメでもともと、紹介してくれたら超ラッキー」の精神で以下の手順を繰り返そう。

### step 01

売り込みに必要な資料を揃える。

### step 02

『マスコミ電話帳』を見て、紹介してほしい雑誌の編集部、テレビの放送局をチョイスし、電話をかける。

### step 03

「新しく店を開店したのですが、情報を送らせていただいてもよろしいでしょうか？」と確認し、担当者の名前を教えてもらう。

### step 04

『マスコミ電話帳』で宛先を調べ、先に聞いた担当者宛に資料を郵送する。

### step 05

数週間経ってなんのリアクションもなかったら、担当者にもう一度電話でお願いしてみる。

## 売り込み先別、攻略テクニック

「番組や雑誌で紹介してください」と売り込むときに、一番大切なことは「番組や雑誌で紹介する側の気持ちになって考える」ということだ。ごくありふれた店を紹介してもつまらない。マスコミは番組や雑誌の企画に合った「特徴のある店」を求めている。だから「とにかくいい店だから一度取材に来てください」みたいな曖昧なアピールじゃ、なかなかノッてきてくれない。「自分の店」の特徴を、ウソの無い範囲でディフォルメし、わかりやすく教えてあげよう。
では、代表的な売り込み先を例に、マスコミが求めている特長を挙げよう。

### 売り込み先の候補1：アミューズメント系週刊誌

『ぴあ』『OZmagazine』『東京ウォーカー』『Hanako』『ChouChou』など

やっぱり一番宣伝効果があるのがこの手のメディア。それぞれ微妙な違いがあるのはともかく、基本的にプッシュしたい部分は以下の3点。

**1.「新しい店であること＝まだ知名度の無い穴場であること」**

マスコミにしてみれば、すでに有名になっている店は紹介しにくい。「まだあまり知られてないけど、これから話題になりそうな面白い店」が紹介されやすい。

**2.「シーズン性」**

「クリスマスプレゼントはこの店で」「バレンタインの夜を2人で過ごしたい店」「この夏はこの店でおいしいビールを」みたいなシーズンものの特集に合わせるやり方もある。「シーズンごとのウリ」をまとめた書類を同封するのもいい。

**3.「立地」**

「○○の帰りに寄れる店」的なアプローチとして、近くに遊園地や劇場などの集客スポットがあれば必ず挙げておく。

### 売り込み先候補2：転職・独立開業系雑誌

『B-ing』『とらばーゆ』『salida』『アントレ』など

この手の雑誌では「自分の店」そのものではなく、あなたの「起業エピソード」が紹介されることになるだろう。また、オーナーであるあなた自身の人物紹介もしてくれるので、宣伝効果は想像以上だ。というわけで、店を出そうと思ったきっかけから、実際に店を開くまでのストーリーを面白おかしく書いて、それも同封しておこう。

### 売り込み候補先3：テレビ

基本的には、雑誌向けの売り込みと大きく変わらない。違いを言うと、テレビ局は「インパクトのある映像」を欲しがるという点だ。そこで、テレビ局に売り込む時には「見た目的にインパクトのある外観」や「華麗な調理のパフォーマンス」、「一風変わった目玉商品」などの写真を同封し、面白い映像が撮れそうなところをアピールしたい。

## 4:「宣伝広告費を払って広告をのせる」

どこから情報を仕入れてくるのかわからない。でも新しく店を始めると、突然「広告をのせませんか？」という内容の電話がかかってくるようになる。実際に営業マンが現われることもある。そして彼らは口を揃えて「たった数万円の宣伝費で一気に知名度アップ。お客さんがワンサカ来るようになりますよ」と絶好調のトークをかますので、「じゃあ、1回くらい試してみるか」という気にさせられる。でも気軽に話に乗ってはいけない。同じ広告媒体でも、宣伝効果がゼロに近いものがあるので慎重になろう。では、得する広告と損する広告はどこで判断すればいいか、ポイントをいくつか挙げよう。

### 注意1：雑誌の知名度にだまされない

「うちの雑誌はこれだけ知名度もありますし、関東を中心に50万部発行しているので、数千人に1人の割合でも来店すれば、充分にお得ですよ。今ならまだ間に合いますよ」的なトークを聞くと、「そうだよなあ」なんて思ってしまいがちだけどちょっと気を付けるべき。広告で大事なのは「雑誌がどれだけ有名か」ではなく、「広告料を払った分、売上をそれだけ伸ばせるか」だ。いくら知名度のある雑誌でも、後半の誰も読まないようなページに小さな広告が出ていてもあまり効果はない。それよりもステ看板や、駅の看板広告や、バスの車内広告を出した方がいいかもしれない。それよりも、広告なんて一切やめて、普通に安売りキャンペーンをやった方が儲かることもある。とにかく雑誌の知名度や、「今がチャンスです」的な言葉につられてはダメ。巨額の広告料を支払う前に、その金額を使って他にもっと効果的な事はできないか、冷静にゆっくり判断しよう。

**注意2：地域密着系のメディアやエリア限定の特集などは比較的狙い目**

比較的安定した効果をのぞめるのが、「神奈川県版」とか「世田谷区版」みたいな地域限定のタウン情報誌やフリーペーパーの広告。これらは主に「そのエリアに住んでいる人」「そのエリアでよく遊ぶ人」が読むので、あなたの店に興味を持つ確率が高い。メディアそのものの知名度が低く、発行部数が少なくても、視野に入れる価値はあるだろう。

## 基本的な「宣伝効果」の予測方法

複雑にやろうと思えばいろいろやり方はあるが、あまり神経質になっても頭が痛くなるだけなので、ここでは一番シンプルな方法を紹介する。

①あなたの店の客単価が¥2,000で、原価率が30％だと仮定する。
②するとお客さん一人あたりの材料費は¥2,000×0.3＝¥600。
③¥2,000－¥600＝¥1,400となり、お客さんがひとり入店するごとに¥1,400儲かることになる。
④ある媒体に広告を出すとして、その広告料が10万円だったとする。
⑤10万円÷¥1,400＝71人。つまりこの広告を出すことによって、結果的に72人以上お客さんが増えれば、「やって良かった」ということになる。
⑥その広告を出すことで、72人以上増えると思えばＧＯ、思わなければやめる。

# 6 経理を始める

さあ、いよいよ経理だ。これはなかなか大変なもんだ。「経理」ってなんだろう？　辞書には「会計、給与に関する事務」と書いてある。事務？…ちょっとイメージと違う。店を始めようとしているあなたは、カッコいい商品を仕入れたり、厨房でカッコよく調理していたり、お客さんと楽しく喋っている姿は想像できるだろう。でも地味に領収書をまとめたり、電卓をはじいたり、お札を数えたりしている姿は想像しにくい。そもそも、そんなことはやりたくない。チマチマしたことは大嫌いだから、事務なんてやってたら死にたくなるぜ。そんな人もいるだろう。
でも、経理って慣れてくるとゾクゾクしてくる。嫌いな人に限って、やると案外ハマったりする。別に、店が潰れそうだからってわけじゃなくて、店の経営状態をリアルに感じられるのってけっこうゾクゾクするんだ。
経理の世界はかなり奥深い。経理をよく知らない人は、よく「売上と支出」だけで判断するんだけど、そんな単純なものじゃない。売れる＝もうかる、売れない＝つぶれる、みたいな二者択一のモノサシだけじゃ、店の経営状態は計れない。
たしかに売れなければつぶれるが、経理がわかってくると「なぜつぶれそうか」「いつつぶれるか」が見えてくる。逆に売れていれば「いくらまでお金を使えるか」「そのお金をいつ使えるか」ということも見えてくる。もし経理を無視すれば「今月は売上が増えた、たくさんお金を使った、あとで家賃が支払えなくなった」なんてことが起きる。そして「資金不足になってお金を借りた、借りたらお金が増えた、その分使ったら返済できなくなった」となっていき、やがて泥沼におちいる。まるでカード地獄だ。でも現金を見ると嬉しくなって、つい使いたくなっちゃうもんだ。それを避けるために「経理」があると思ってくれていい。

## → EXPERIENCE

### 丼完治さん（仮名）の場合　開業時24歳　喫茶店経営

忙しい開業準備が終わり、無事に友だちと店を始められたのは良かったけど、「経理」なんてコトバ、聞いたことはあるけど何をやるのかサッパリだったし、まさか自分に関係してくるとは夢にも思わなかった。

とりあえず全財産はすべて、クッキーの缶に保管することにした。出すのも入れるのもその缶ひとつ。店を閉めて帰るときは、盗まれないようにその缶を冷凍庫の中に隠した。これが「俺たちの経理」のすべてだった。

オープンから半年くらい過ぎたころだろうか。缶の中には使われない1円玉と5円玉がギッシリ詰まり、片手で持てないくらい重たくなった。そこで俺たちはもう1個、お札専用の缶を増やすことにした。それ以来、お金はろくに数えもしなくなった。お札専用の缶は、「パッと見」で、硬貨専用の缶は「持った感じ」で金額を判断するようになった。もちろん、正確な金額がわかるわけはない。それでもあんまり気にしなかった。

突然のピンチは、家賃の支払日にやってきた。缶の中にはたくさんお金があったはずなのに、すっかり無くなっている。誰が店の金に手を出したんだ？　答は簡単だった。俺の共同経営者が金を使っていたのだ。と言っても別に盗んだわけじゃなく、こんな具合だ。開業資金を貸してくれた先輩が突然結婚することになって、いろいろ物入りなんでお金を返してほしいと言ってきた。だから缶に入っていたお金をサクっと返した。マヌケ。というか「じゃあ融資してくれたお礼もかねて、何かお祝いあげようか」と提案した俺もマヌケ。おかげで家賃が払えなくなり、大家さんに平謝りするはめに。

それからというもの、俺たちは経理をひたすら勉強した。本を読んで初めて、税務署にいろいろ申告しなきゃいけないことも知った。おかげで家中をひっくり返して領収書探しをするはめになった。わずかな記憶を頼りに「お金をいくら借りて、何に使ったか」をすべて思い出さなきゃいけなくなった。小銭も片っ端から全部数えた。カウンターの端から端までコインの塔が並んでいい眺め。帳簿付けが一段落したときには、酷使しすぎて指の感覚がなくなっていた。

**どう？　笑えないでしょ。困ったもんだ。**

でも、大きな声じゃ言えないが、実際によくある話らしい。そうならないためにも、これだけ約束してほしい。

**経理の約束をきちんと守れる、しっかり者になろう。**

これがまず、一番大事な約束だ。

**「絶対忘れずに領収書をもらうこと」。**

経理上、店のために使った金は、すべて帳簿へ「正確に」記録する必要がある。

かといって「いつ、どこで、何に、いくら使ったか」を、すべて暗記するのは不可能だ。領収書さえ残っていれば、後で「あれ？　何買ったっけ？」と悩まなくて済む。

次の約束は

**「“自分のお金”と“店のお金”はしっかり分ける」。**

自分の店だからと言って、レジのお金が自分のモノになるわけじゃない。残念。間違えておやつの肉まんなんかに使って、帳簿につけてしまったら、後で税務署に怒られてしまうので気をつけよう。「自己資金だから、自分のお金だ」という考え方は捨ててほしい。

最後の約束は

**「経理をやめない」。**

経理と店は、切っても切れない関係。店がある限り、経理はやり続けなければいけない。どうせだったら、前向きに取り組んじゃおう。暴れる馬に飛び乗って、おとなしくさせてしまう…、そんな感じだろうか。経理がわかってくればくるほど、経営者としてのあなたのレベルも上がってくる。さあそれじゃ、深遠なる「数列ワールド」へ！

## 税務署への申請

### 〈お店に関する申請〉

本格的な経理のスタートは、「税務署への申請」から。
所轄の税務署へ行き、「個人事業の店を始めたいので、必要なものをください」とお願いする。すると以下の書類をもらえるはず。

#### ①個人事業の開廃業等届出書

これは「店を出して商売を始めましたよ」ということを税務署にお知らせする紙。提出は開業から1ヵ月以内に済ませよう。

#### ②青色申告承認申請書

青色申告とは、毎日の取引を帳簿に記録し、それに基づいて所得金額や税額を計算、申告する納税制度のこと。申告しておくと税法上の特典が受けられて、税金が安くなる。提出期限は開業から2ヵ月以内。もうひとつ「白色申告」という、より簡単な申告方法もあるが、「青色申告」のような特典がない。さらに税金を余分に多く払いすぎてしまう可能性もあるので、「青色申告」の方がお得だ。

### 〈給料に関する申請〉

給料のシステムによって、それぞれ申請方法が違う。

#### ①誰にも給料を払わない（一人で店を運営する）

この場合は、何も申請する必要はない。「自分＝個人事業主」に払われるお金は「給料」という考え方ではなく、「事業所得（利益）」となる。自分で払って自分で受け取るのはおかしいからね。

### ②親族に給料を払う

奥さん、旦那、親兄弟などの親族が、店にかかりきりで働く場合は「青色事業専従者給与に関する届出書」という書類を税務署に提出。

### ③従業員に給料を払う

友だち、アルバイトなどに給料を払う場合は「給与支払事務所の開設届出書」という書類を提出する。この場合、年末に一度「給与支払報告書」という書類を、従業員が住んでいる市区町村に提出する必要がある。詳しくは市役所の課税課に問い合わせよう。

あとは、年に一度の確定申告をこなし、「納税の義務」ってヤツを果たすだけだ。
ハッキリ言って「さっぱりわかんねえ」とボヤいている人も多いと思う。でもね、税務署や保健所など「お役所相手」の申請に関して分からないことはズバリ、
**「電話したり窓口に行って、直接聞いちゃう」に限る。**
無責任なようだけど「税金のことは税務署に聞け！」。ビビらなくても大丈夫だ。お役所の人ってなんとなく「石頭」的なイメージがあるけど、実際は物分かりがよく親切な担当者が多いからね。
とにかく、今の時点で理解しておいてもらいたいのは「保健所、消防署、税務署、必要があれば警察署に許可申請する」ということ、そして「分からないことがあったら、それぞれの役所に質問をぶつける」ということだけ。後は行動あるのみだ。

## じゃあ次に、実際の経理の話をしよう。

「経理」と一口に言ってもいろいろあるんだけど、店の経理の場合は「簿記をする」ってことに近いんじゃないかな。

### 帳簿を買う

まあ、まずは理屈抜きに買おう。いろいろ種類があるが、必要と思われる一般的なモノは以下のとおり。

**現金出納帳**………店にある現金の管理
**仕入帳**……………仕入の記録
**経費帳**……………経費の記録
**売上帳**……………売上の記録
**買掛帳**……………買掛（ツケで買う＝ツケておいてもらう）の管理
**売掛帳**……………売掛（ツケで売る＝ツケておいてあげる）の管理
**銀行勘定帳**………店の銀行預金の管理
**固定資産台帳**……固定資産の管理

帳簿には主に3つの目的がある。

**ひとつは「お金の管理」に使うため。**

「今、お金がいくらあるか」を知りたい時に、いちいち計算機を使って店の現金を数えるのは馬鹿げている。あなたが重度の計算マニアじゃない限り、「現金出納帳の残高」と「銀行の預金残高」を合計した方が楽だろう。帳簿さえあれば「いつ、どこで、何に、いくら使ったか」が一目瞭然だ。「あれ？　なんでこんなに少ないの？　こんなに使った覚えがないのに…」なんていう事態を避けられる。
また仕入業者からくる請求書が間違っていても、「こんなに買ってねえ！」と怒らなくて済む。なじみのお客さんからツケの代金を取り損なうこともなくなる。
「買掛」や「売掛」はお金の貸し借りによく似ている。いい加減に扱うと大きなトラブルの元になるので、帳簿を利用してしっかり管理するべし。

## もうひとつは「データ」として活用するため。

「この経費は出すぎてるから、来月から削減しよう」「原価率はここまで上げられるから、キャンペーンを打とう」みたいな経営戦略を練る場合に、感覚だけに頼るのは危険だ。やっぱり、ちゃんとした売上データが欲しい。
といっても、25日間の売上と支出のすべてを記憶できる人なんていない。仮に記憶できたとしても、そんなスーパー記憶力は、もっと別のことに使った方がいいと思う。記憶に頼るかわりに、「売上帳」「経費帳」「仕入帳」の3冊を大活用しよう。
この3冊があれば、すぐに利益金額を出すことができる。その利益金額を日ごと月ごとに整理することで、利益の変化が見えてくる。やり方は簡単、売上（売上帳）の合計から支出（経費帳＆仕入帳）の合計を引くだけでいい。
また「仕入帳」の金額を「売上帳」の金額で割れば、原価率を導くこともできる。
さらに「経費帳」の項目を見ながら、「今月は消耗品に金かかったなあ」なんて分析もできる。とにかく帳簿の存在ってデカいんだ。

## 最後に年に一度の確定申告をするために。

「自分の店」のオーナーとなったからには、税金に無関心ではいられない。
「自分の店」が社会の一員と認められるために、しっかり納税義務を果たそう。

## じゃあ「しっかり経理」の3カ条だよ。

### 銀行口座を開設する

ドロボーに入られたり、火事が起きたりしても、お金を銀行に預けてあれば安心だ。また、各種料金の自動振替もできて便利。「自分の店」の名義で通帳を作っておこう。

## 経理の入門書を読む

できれば、経理に関する入門書を読んでほしい。ただし、この本とは比較にならないくらい、専門用語の嵐だろう。もし読むのがツラかったら一冊でもいい。とにかく一度読んでおけば、経理に慣れるまでの時間がグーンと短縮されるはずだ。

### → BOOK GUIDE 01

DATA

**『会計のことが面白いほどわかる本～会計の基本の基本編』**

著　天野敦之／発行　中経出版

### → BOOK GUIDE 02

DATA

**『会計のことが面白いほどわかる本～新会計基準の理解編』**

著　天野敦之／発行　中経出版

### → BOOK GUIDE 03

DATA

**『3ステップ式だから 資金繰り表で経営をぐんとラクにする本』**

著　財務支援研究会ＷＩＴＨ／発行　あさ出版

※BOOK GUIDE情報提供：エンタープライズサービス　藤原久子
(サンクチュアリ出版がいつもお世話になってる会計事務所さんです)

## 習うより慣れる

とにかく入門書を読みながらやってみる。帳簿をつけてみる。電卓をたたいてみる。分からなくなったら、知り合いに聞くか、税務署・税理士・青色申告会※に相談したりする。それでもチンプンカンプンの場合は、簿記のできる友だちを雇うか、経理のアルバイトを募集するか、「記帳代行」と呼ばれる代行業者に依頼するか、いろいろ手はある。どうせ決算って難しくて、独学ではどうしようもなかったりするから、早い時期に、税理士にお願いしちゃってもいいと思う。もちろんお金はかかるけどね。お金をかけたくない人は、勉強あるのみ。後は税務署に当って砕けろ！　でも、できるだけ砕けないように。

何度もしつこいようだけど、経理で大事なのは正しい「領収書」、それから「申請」と「記帳」。現金は店に残さず、銀行に預ける。そして「自分のお金」と「店のお金」はしっかり分ける。「自分の店」は今どうなっているかを経営者としてリアルに感じながら店を動かしていってほしい。経理に関しては以上だけど、ここで安心しないこと。「お店が続く限り、経理は終わらない」んだからね。

※青色申告会　「青色申告」に関することなら何でもおまかせな組織。誰でも利用できて、しかも相談料が安い。税務署で紹介してくれるので、聞いてみよう。

# 7 最終リハーサルをしよう

オープン前日、またはオープンの数時間前。緊張感と疲れがピークに達している頃だが、なんとか最後の力を振り絞ってやってほしいのが「最終リハ」だ。照明や音楽、従業員のポジションなど全てを本番と同じ状態に、そして仲のいい友だちに「お客さん役」を演じてもらう。「お客さん役」が店に入ってきたら、席に案内する、オーダーを取る、料理を作る、提供する、お会計する、食後のテーブル片付ける…という一連の動きをリハーサルする。相手が友だちだからと言って、一切の甘えは許されない。ちゃんと「初めて自分の店に来た普通のお客さん」として丁寧に対応しよう。
リハーサルをすることで、思わぬ落とし穴に気づくことがある。「伝票が無かった」「おしぼりを買い忘れていた」「レジの使い方が分からなかった」「照明が暗すぎてメニューが読めなかった」「値札のついてない商品があった」などなど、いろいろ出てくるかもしれない。何も問題がなければ、それはそれでいい。リハーサルをやってからのぞむか、やらずにドタバタなだれ込むか、ではオープンした時の余裕が違う。余裕がたっぷりあってこそ、お客さんに安心感を与えられるんだ。

GO TO THE NEXT STAGE

ACTION
5

Action 05

# AFTER action OPEN

## オープンした後に

「自分の店」で楽しくやっていくための
小さなアドバイス

MAKESHOP ACTION

# GOAL & START!

今まで本当に大変な思いをした。でもついに本物の「自分の店」を持つことができた。まずは心から「マジで、開店おめでとう！」とお祝いしたい。あきらめかけたのは、きっと1度や2度じゃないだろう。でもあらゆる困難を乗り越えて、あなたは今、ここにいる。どんな気分を味わっているかは、一番仲のいい友だちにでも話してくれ。
さて、この本はここで終わるけど、「自分の店」&「自分のストーリー」はこれから始まっていく。これから本番だ。というわけで、最後に「自分の店」という最高の遊び場で思いっきり楽しむための、小さなアドバイスを贈りたい。それで本当におしまい。
おつかれさん。そして、がんばれ！

ADVICE advice 01

## 保険はぜーったい加入しておくこと。

何がどうあれ一番ヤバイのは「事故」と「火事」。
店向けの保険は「店舗総合保険」といって、どこの保険会社でも扱っている。
これさえあれば、どんな惨事が起きてもヤバイ借金を背負うことはない。
なければ一発のミスが命取りになる。
最低限の自己防衛手段だけは持っておこう。

# 裏方でコツコツ頑張ること。

掃除、計算、チラシ配り…。
そういう地味な作業をやらずに、店の成功はない。
誰も注目しないところで、オーナーが一人、黙々と頑張っている。
それこそが、カッコいい店の絶対条件だ。

# 常に夢を持ち続けること。

一つ夢を叶えたら、次の夢を思い描くこと。
「夢を叶えたい」という気持ちが、客や仲間を集める。
今の栄光に甘んじることなく先へ先へと走る君の姿に、みんなは引き寄せられていく。
「自分の店」を持つという夢は実現した。
さあ、次はどんなステージに挑もうか。

## どんなに経営が辛くても、「サラ金」から金を借りないこと。

「こうなることはわかっていたのに…」
破産してしまった経営者が、後になってつぶやく言葉。
国、大手銀行以外の「サラ金」に手を出したら一貫の終わりだ。
その高額な利子を払い続けながら、店が立ち直る確率は限りなくゼロに近い。どれだけ「大丈夫」だと強調されても、ダマされていると思った方がいい。
最悪の場合は、思い切って店を潰そう。
潰したって、またゼロからトライすればいいだけのことだ。

## 儲けにこだわること。

金が全てじゃないが、儲けにこだわらない店は必ず潰れる。
「店をやりたいだけ。金なんてどうでもいいよ」
なんて言うと聞こえはいいが、肝心の店が潰れてしまったら最低だ。
お金をしっかり計算できる、冷静な経営者の心を養うこと。
ボランティアで店をやってるわけじゃないんだ。

# 酒は飲んでも、飲まれるな。

アルコールを出す店の場合、客に酒をすすめられることがよくある。
そしてすすめられるがままに、どんどん飲んでしまうマスターがいる。
その結果、マスター自身が酒に飲まれ、怠惰な生活に溺れ、だんだん自分を見失っていくことがある。もちろん、それまで持っていた理想も水の泡になる。
俗に「水商売」と呼ばれる世界には、いろんなワナが潜んでいる。
だから自分をしっかりコントロールしていないと、いつか痛い目にあう。
そして夢を語るだけで、決して実現できない人間になってしまう。
飲むのは勝手だ。でも飲まれるな、溺れるな。

# 成功するまで続けること。

成功するまでやれば、必ず成功する。
自分自身が「もうダメだ」と白旗を上げるまで、勝負は終わらない。
何度失敗したとしても、最後に成功すれば、全ての失敗は「経験」と呼ばれる。全てはひっくり返る。
最初はどんなにお客さんが入らなくたって、明日の生活費にさえ困ったって、信用していたバイトがお金を盗んで逃げてしまったって、その他、あらゆるタイプの大きなミスをやらかして、絶望のどん底に落とされたとしても、ちっともビビることはない。そこから前を見よう。成功するまでやればいいんだ。簡単なことだ。

## 自分自身が最高だと思える店にすること。

自分自身が「この店はサイコーだ！」と思える店を創る。
それが究極のテーマだ。
「お客さんのニーズに応えて」「みんなの求めているものを」
店が売れなくて辛い状況になればなるほど、そんな風に周りの要求に応えようとしがちだ。基準が自分ではなく、周りになってきてしまう。自分が「サイコー！」だと思えるものに自信が持てなくなってくる。それは悪循環だ。もっともっと徹底して「自分の感動」を求めよう。その方向にしか、答えはない。

## 自分のルールにこだわること。

「ヒント」はあるが、「ルール」はない。まさにこの本がそうだ。これまで、さまざまな「店を出す」ためのノウハウを紹介してきたが、これらは全てあなたにとっては他人の経験だ。ルールは自分で創ればいい。「自分には合わない」と思うことはやらなくていい。自分が納得している方法でパワフルに行動する。それが成功するための一番の秘訣だ。

「自由」であり続けるために、
「自分」であり続けるために、
僕らは夢でメシを喰う。

HAVE A
ORIGINAL LIFE!

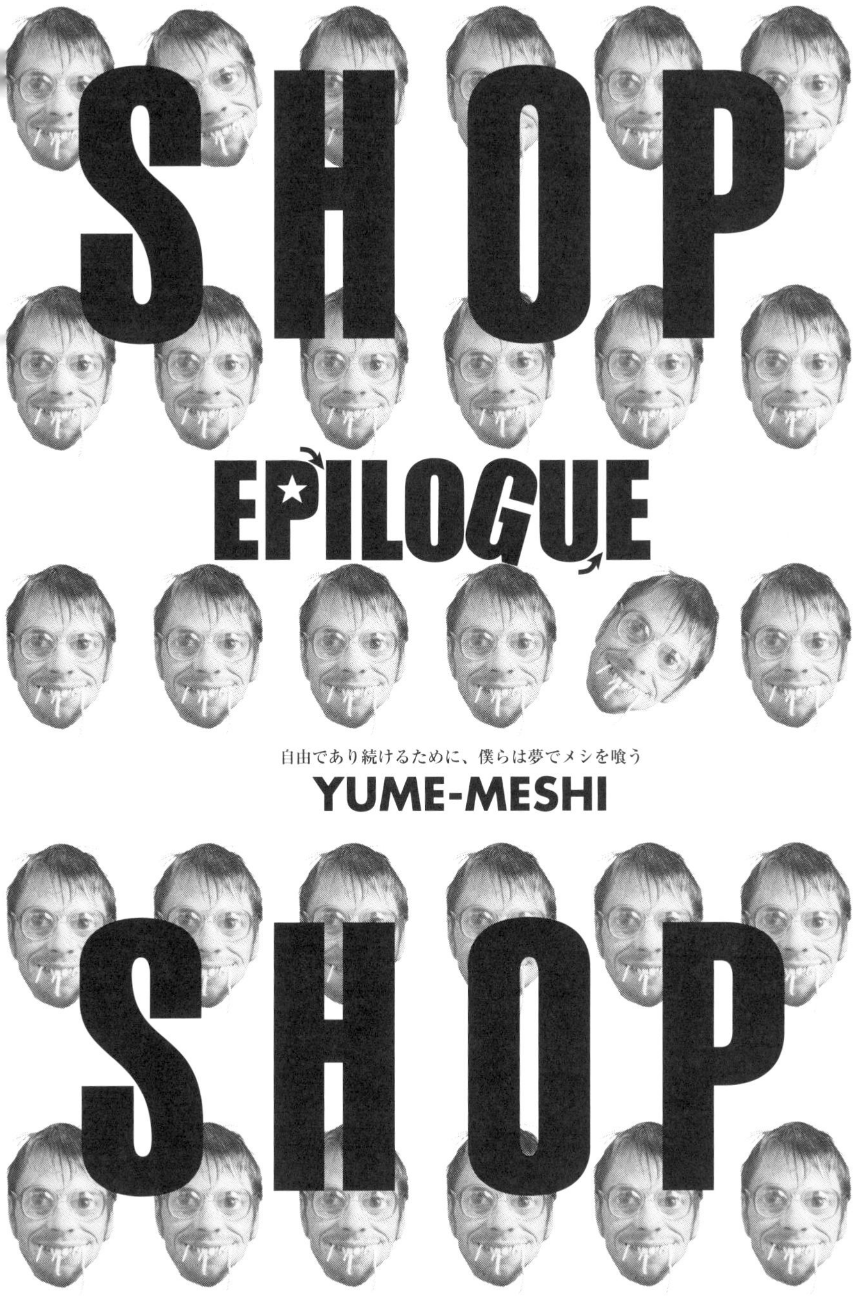

SHOP

# EPILOGUE

自由であり続けるために、僕らは夢でメシを喰う

## YUME-MESHI

SHOP

# オリジナル

「自分の店」は秘密の城。

「自分の店」はみんなの遊び場。

「自分の店」はすべてからの独立。

「自分の店」は自分らしさを守るための武器。

「自分の店」は仲間と集まるアジト。

「自分の店」は大金を生む宝箱。

「自分の店」は趣味の延長。

「自分の店」は出会いの工場。

「自分の店」はカッコよく生きるためのスタイル。

「自分の店」はフリーな表現空間。

「自分の店」は社会への反抗。

「自分の店」は自由。そして、自分。

# で生きる。

「自分の店」という自己表現に、決まったルールなんて1つもない。
「自分の店」は、思いっきり自由なんだ。
始める時期も場所もパートナーも規模もやり方もすべて自由。
だから、政治家だって、ミュージシャンだって、デザイナーだって、サラリーマンだって、ＯＬだって、おじさんだって、コギャルだって、誰が誰と始めてもいい。
金がなければ、自分の車で移動式ショップを始めてもいいし、自分の部屋でワンルームショップを始めてもいい。
都会でやってもいいし、田舎でやってもいいし、海外でやったっていい。
ガッポリ儲けてもいいし、喰っていける分だけでもいいし、遊びでやってもいい。
好きなものを、好きなように売る店を、好きな時に、好きな人と、好きなように始めればいい。

「あたりまえ」と言われる社会の常識に洗脳されることなく、
頭にインプットされてきた様々な知識に縛られることなく、
過去の失敗、今の立場、周囲の反対、目先の貧乏にもビビることなく、
「無理」という壁をポーンと飛び超えて、自分の「やりたい！」という気持ちに正直に生きていけば、誰でも必ずＨＡＰＰＹになれる。

誰にでも「自分にしか創れないもの」がある。
誰にでも「自分にしか出来ないこと」がある。
誰にでも「自分が最高に輝ける場所」がある。
特別な才能がない人など、本当は１人もいない。
ただ、その力に「気付いていない」だけなんだ。
勝手に自分自身を過小評価して、自分のレベルを決め、「しょうがない」と言いながら、好奇心を閉ざしてしまうのは、もったいない。
自分で自分をオリに閉じ込めてしまっているようなものだ。
ビビらずに、やりたいことを貫いてこそ、自分の「本当の力」を発揮できるし、自分の「オリジナリティ」を発揮できる。

やりたいことは、人それぞれ違う。
「自分の店」は、あくまでも1つの選択肢にすぎない。
「自分の店」というスタイルに限らず、自分にしか生きられないオリジナルなスタイルを見つけて、自信を持ってキラキラと生きていこう。
ありきたりの人生ではなく、二度とない人生を求めて、アクションを起こし続けよう。

## YAH!

# 自分のカラー

誰もが、心のパレットに
オリジナルカラーを持っている。

---

# で勝負しな!

# CHECK LIST

## FIND SPACE

| | | |
|---|---|---|
| 0 | 「どんな物件を探すのか」を明確にする | □ |
| 1 | 服装 | □ |
| 2 | 持ち物 | □ |
| 3 | 不動産屋の探し方 | □ |
| 4 | 会話実例集 | □ |
| 5 | 物件案内のチェックポイント＆用語解説 | □ |
| 6 | 物件を下見する | □ |
| 7 | 物件をキープする | □ |

## RESEARCH

| | | | | |
|---|---|---|---|---|
| **A 店舗取得費** | 保証金 | □ | 仲介手数料 | □ |
| | 礼金 | □ | その他（あれば） | □ |
| | 1ヶ月分の家賃 | □ | | □ |
| **B 改装費** | 内装費 | □ | 備品費 | □ |
| | 外装費 | □ | 開業仕入費用 | □ |
| **C 初期運転資金** | 家賃の6ヶ月分 | | | □ |

## GET MONEY

| | | | | |
|---|---|---|---|---|
| **1 計画書を創る** | コンセプト | □ | 利益ビジョン | □ |
| | 出店予定地 | □ | 返済保証 | □ |
| | 開業資金内訳1 | □ | 展望 | □ |
| | 開業資金内訳2 | □ | 資料 | □ |
| | 売り上げビジョン | □ | | |

| | | |
|---|---|---|
| **2 実際にお金を集める** | 準備1　自己資金を作る | □ |
| | 準備2　借入金総額を確認する | □ |
| | 準備3　資金集めのルールを決める | □ |
| | 方法1　友人／知人／両親に借りる | □ |
| | 方法2　公共の金融機関から借りる | □ |
| | 方法3　コツコツ貯金する | □ |

## MAKE SHOP

| | | |
|---|---|---|
| 1 | 物件の賃貸契約をする | □ |
| 2 | オープンの日を決めてスケジュールを立てる | □ |
| 3 | 役所関係の開業手続きを済ます | □ |
| 4 | 怒濤の開業買い出し | □ |
| 5 | 宣伝をしよう | □ |
| 6 | 経理を始める | □ |
| 7 | 最終リハーサルをしよう | □ |

## AFTER OPEN

| | |
|---|---|
| 「自分の店」で楽しくやっていくための小さなアドバイス | □ |

本書は1997年に出版された
『自由であり続けるために、僕らは夢でメシを喰う　DREAM:1　自分の店』
に若干の変更を加え、新たに作成されたものです。

**ORIGINAL YUME-MESHI**

⊙**PLAN&TEXT** : Ayumu Takahashi , Kentaro Imai

⊙**EDIT**:Katsuyuki Iso

⊙**STAFF** : Miyaoka Kirin , Pootaro Okada , Piitaro Inoue , T-Plan , Daisuke Tsuchihashi

**RENEWAL YUME-MESHI**

⊙**DESIGN**: Shimpachi Inoue

⊙**EDIT** : Keisuke Hashimoto

⊙**PHOTO SUPPLY** : Mega Press Agency

⊙**ILLUSTRATION SUPPLY** : Coamix

⊙**SPECIAL THANKS** : Kensuke Tsurumaki , Akira Nihei , Youhei Takimoto , Michie Matsunaga

# CREDIT

**『自由であり続けるために、僕らは夢でメシを喰う　Dream1:自分の店』**

⊙**企画・執筆**：高橋歩、今井賢太郎

⊙**編集**：磯尾克行

⊙**スタッフ**：宮岡季林、岡田プー太郎、井上ピー太郎、T・Plan、今井賢太郎、土橋大輔

**『新装版　自由であり続けるために、僕らは夢でメシを喰う　自分の店』**

⊙**デザイン**：井上新八

⊙**編集**：橋本圭右

⊙**写真提供**：メガプレスエージェンシー

⊙**図版提供**：コアミックス

⊙**協力**：鶴巻謙介、二瓶明、滝本洋平、松永倫枝

http://www.sanctuarybooks.jp/yumemeshi/

# BOOK GUIDE

ラブ＆フリー

## LOVE＆FREE 世界の路上に落ちていた言葉

### 放浪しちゃえば？

旅のコースも期間も、特に決めなかった。南極から北極まで、気の向くままに30ヵ国を旅して歩いた２年間、世界一周冒険旅行の記録。世界の路上の片隅から拾い集めた「LOVE＆FREE」のカケラがいっぱい詰まっている。

**この本を読むと、海を越えて旅に出たくなる。**

著：高橋歩　定価：本体1300円＋税　ISBN：4-921132-05-4

Omoshiroki KotomonakiYowo-Omoshiroku

## オモシロキ　コトモナキ世ヲ　オモシロク

### リスペクトできる政治家？ そんなのいねえよ。

「政治家」という仕事をメチャメチャ楽しんでる若者たちが創った完全選挙ガイド。政治家になることは、難しいことじゃない。

**腐ったジジイをぶっ飛ばし、日本をもっと、面白い国にしよう。**

プロデュース：高橋歩＆佐藤大吾　監修：NPO法人ドットジェイピー
定価：本体1500円＋税　ISBN：4-921132-08-9

サンクチュアリ

## SANCTUARY

### 僕らの人生自体が「旅」である。

金がないけど、夢がある。コネはなくても、パワーがある。パンピーだけど、情熱がある。金なし、コネなしのパンピーな若者達の冒険物語。目には決して見えないが、必ず誰でも感じることができるスピリッツの結晶だ。

**SANCTUARY IS NOT ANYTHING. BUT SANCTUARY IS EVERYTHING.**

著：高橋歩／磯尾克行　定価：本体1200円＋税　ISBN：4-921132-04-6

Mainichiga Boken

## 新装版 毎日が冒険

### 夢は逃げない。逃げるのはいつも自分だ。

無一文＆未経験コネなしから、「自分の店」を開き、「自分の本」を出版し、「自分の会社」まで創ってしまった冒険野郎の爆笑ストーリー。何回失敗したって、最後の最後にうまくいけば、すべての失敗は「経験」って呼ばれるんだ。

**守ってきたことはただひとつ。「とりあえずやっちまう」ってことだ。**

著：高橋歩　定価：本体1300円＋税　ISBN：4-921132-07-0

クロスロード

## CROSSROAD GRADEUP version

### 20代は人生の交差点だ。

聖なるシスターから極悪のパンクロッカーまで、大金持ちの起業家から、無一文の放浪詩人にいたるまで、自分自身の価値観を見失うことなく、20代を熱く生きた60人の名言集。自由であり続けるために、そして自分であり続けるために。

**20代の僕らから、20代のあなたへ、この本を贈る。**

監修：SANCTUARY　定価：本体1200円＋税　ISBN：4-921132-00-3

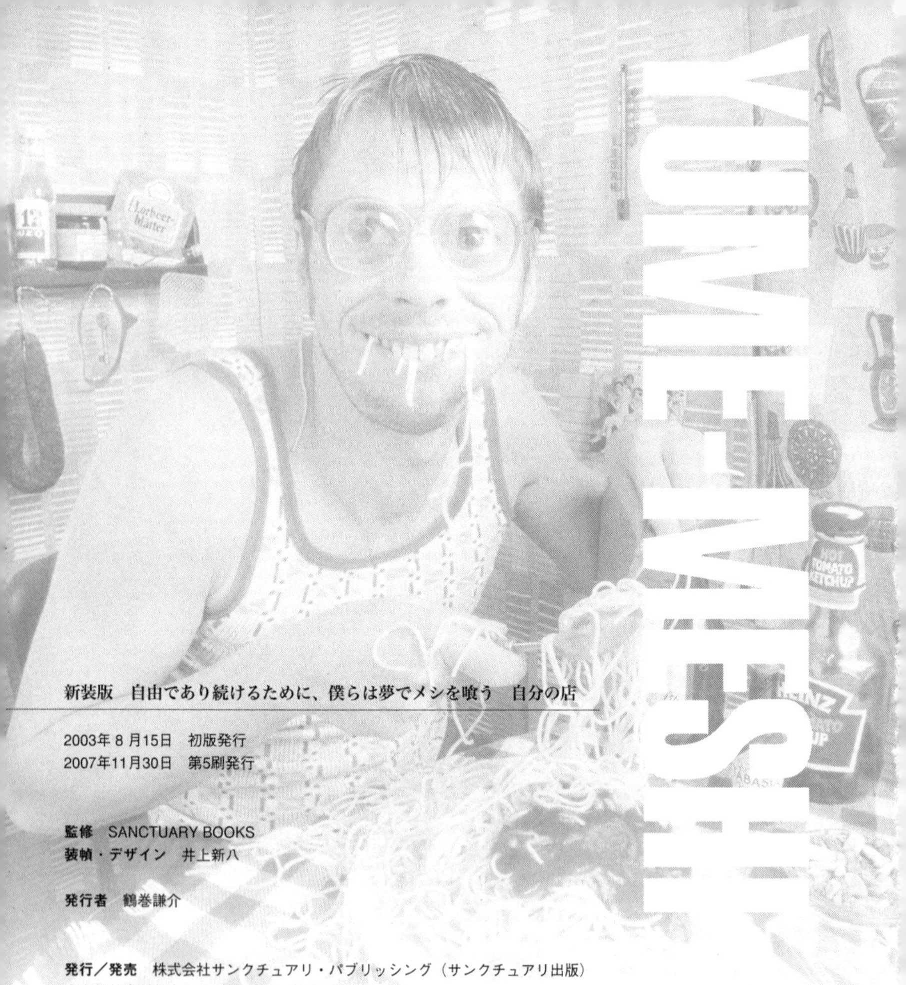


新装版　自由であり続けるために、僕らは夢でメシを喰う　自分の店

2003年8月15日　初版発行
2007年11月30日　第5刷発行

**監修**　SANCTUARY BOOKS
**装幀・デザイン**　井上新八

**発行者**　鶴巻謙介

**発行／発売**　株式会社サンクチュアリ・パブリッシング（サンクチュアリ出版）
東京都新宿区荒木町13-9 サンワールド四谷ビル
〒160-0007
**TEL** 03-5369-2535／**FAX** 03-5369-2536
**URL**　http://www.sanctuarybooks.jp/（i-mode自動判別）
**E-mail** info@sanctuarybooks.jp

**印刷／製本**　中央精版印刷株式会社



**PRINTED IN JAPAN**
定価およびISBNコードはカバーに記載してあります。
落丁本・乱丁本は送料小社負担にてお取替えいたします。